AF330684

LE GÉNIE

DE

L'OPPOSITION

OU

NOUVEAU GUIDE DE L'ÉLECTEUR

PAR

Jules DACY

PARIS

CHEZ LES PRINCIPAUX LIBRAIRES

—

1865

Paris. — Typographie A. PARENT, rue Monsieur-le-Prince, 31.

LE GÉNIE
DE L'OPPOSITION

ou

NOUVEAU GUIDE DE L'ÉLECTEUR

———

Fiat lux.

Nous entreprenons ici, tâche ingrate et rude, une charge à fond de train contre des doctrines politiques erronées et dangereuses. Si ces doctrines subversives n'étaient pas repoussées énergiquement par tous les gens de bien, si prenant racine dans le pays elles finissaient par y régner en maître, ce serait certainement le plus grand malheur qui pût arriver à des êtres intelligents créés par Dieu pour vivre heureux en société. Sans doute, malgré leur pestilence, la France ne mourrait pas, car un peuple ne meurt jamais, mais elle serait dans un état perpétuel de fièvre, d'agitation, de malaise moral qui rendrait impossibles tout travail utile, toute paix féconde, tous sages progrès. La catastrophe de 1848, qui fut le plus effroyable salmigondis politique qu'ait jamais enregistré l'histoire, en est la preuve évidente.

Il est probable que ceux qui se font les champions de ces doctrines malsaines les croient bonnes et n'en comprennent pas le danger, car autrement ils seraient les plus grands coupables de la terre. Et si l'on peut les excuser, ce ne doit être que par égard pour les illusions dont ils se nourrissent et en considération de l'aveuglement profond auquel ils sont en proie.

Dans la critique que nous allons faire de leurs erreurs politiques, nous nous garderons bien de nous occuper d'eux en tant que simples particuliers. On l'a dit, la vie privée est murée, et nul n'a le droit d'y pénétrer. Nous ne les envisagerons que comme hommes publics. Revêtus de ce caractère, ils appartiennent à tout le monde, et leurs opinions sont discutables. Tous les Français sont électeurs, et tous les électeurs ont le droit de juger la politique de leurs élus, de lui donner éloge ou blâme.

Or, comme simples particuliers nous estimons qu'ils sont honnêtes, francs et loyaux, savants, lettrés et érudits, bons pères, bons fils et bons époux, amis fidèles, dévoués et obligeants. Nous leur accordons toutes ces qualités bien volontiers; mais comme hommes publics, halte-là, c'est tout autre chose. A ce point de vue, nous déclarons en notre âme et conscience que ce sont de très-mauvais députés et de détestables politiques, qu'ils ne sont ni apôtres de la vérité, ni artisans du vrai progrès; que les prendre pour guides c'est folie, car c'est s'exposer à périr infailliblement. C'est là l'objet de ce travail; c'est là la thèse que nous allons développer et soutenir.

Il est évident pour tout homme impartial que le siècle présent est un des plus grands, et le règne actuel un des plus curieux de l'histoire. Prenez, par exemple, le règne de Louis XIV, et retirez-en les dix grands génies qui en sont la gloire, Molière et Lafontaine, Racine et Boileau, Bossuet et Fénelon, Colbert et Vauban, Turenne et Condé, que reste-t-il? Une nation affaiblie et amoindrie, à bout de forces et à bout de ressources; le commerce et l'industrie expulsés du territoire français par la révocation de l'édit de Nantes; la royauté, énervée par l'abus des plaisirs futiles, s'endormant dans la mollesse comme Renauld dans les bras d'Armide; une union morganatique terminant une longue existence; une maîtresse couronnée, des bâtards légitimés; la France enfin à deux doigts de sa perte sans la victoire de Villars à Denain. Voilà comment finit ce grand règne, qui laissait le royaume dans un état déplorable, et qui eut pour successeur la Régence avec sa nullité politique et ses orgies scandaleuses.

Que l'on compare le temps présent à cette époque peu lointaine encore. Quelles différences! Que de grandes et belles choses accomplies! que d'heureux changements dans les mœurs, dans les lois, dans les coutumes! que d'améliorations réalisées! que de bienfaits produits! comme l'intelligence humaine, aidée de la science et de l'industrie, a donné l'essor à tous les éléments de la prospérité publique! Et le drapeau, quand donc s'est-il couvert d'une gloire plus légitime? Et la charité, quand donc a-t-elle été plus expansive? Et les arts, quand ont-ils été plus encouragés? Et l'instruction, quand a-t-elle été plus répandue? Et le nom français enfin, quand a-t-il été plus respecté?

Or, les personnages dont nous allons, dans toute la franchise et la sincérité de notre âme, critiquer les idées, ne veulent pas admettre tout cela. Mais, comme leur incapacité administrative est notoire, ils ont beau dire et beau faire, beau crier et beau tempêter, ils ont perdu la confiance du pays, et la France ne confiera jamais ses destinées à l'étourderie et à la témérité de ces guides imprudents. Quand on a placé des capitaux dans une affaire véreuse et qu'on les a perdus, c'est une leçon, et on jure bien à l'avenir de ne plus s'y laisser prendre. C'est précisément ce qui attendrait le pays, s'il prêtait l'oreille aux doctrines pernicieuses des gens dont nous parlons.

Nous allons donc donner nos idées sur elles. Mais tout d'abord nous devons dire que notre opinion est toute personnelle, que nous n'imposons à personne notre manière de voir, et que chacun est libre de ne pas être de notre avis. Sur les questions politiques, en effet, on peut différer d'opinions sans cesser néanmoins de s'estimer.

La critique contemporaine ne se plaindra pas de la latitude qu'on lui laisse. Il est facile de voir qu'elle a ses coudées franches et qu'elle peut prendre ses ébats tout à son aise. L'auteur de la *Vie de Jésus* attaque sans ménagements le berceau du christianisme; l'auteur du *Maudit* lance contre les ministres des autels deux volumes d'injures. About, dans la *Question romaine*, et Veuillot, dans ses Satires, tombent à bras raccourcis l'un sur la papauté, l'autre sur la philosophie et l'esprit d'examen. D'autres écrivains qu'on pourrait citer ont chauffé leur polémique à plusieurs atmosphères.

Nous sommes loin de blâmer cette indulgence envers la critique, car cela donne à la littérature française un piquant qui remplace la fadeur, et une originalité qui rompt la monotonie. Mais aussi nous devons dire que ces précédents sont pour nous un encouragement. Et dès lors, non pour le fonds, mais seulement pour la forme, nous croyons pouvoir sans crainte prendre pour modèles ces écrivains hardis, au style mordant et incisif. Nous pouvons, en suivant de loin ces rudes athlètes, entrer de pied ferme dans l'arène des lutteurs, d'autant plus que nous ne luttons que pour la vérité, et que c'est l'amour de la patrie qui nous guide et nous soutient.

La même virulence que l'on a mise dans certains écrits pour combattre ce qui est bien, nous l'emploierons à notre tour pour combattre ce qui est mal.

Allons, Juvénal, inspire-moi des accents chaleureux ! guide ma pensée et ma plume ! Fais passer en mon âme ta verve brûlante ! Donne-moi la haine du mal et l'horreur de l'imposture ! Arme mon bras de ton fouet redoutable pour sangler sans pitié les ennemis de l'État ! Que la vérité brille splendide et pure, et que l'erreur, chassée par elle, disparaisse dans la nuit sombre ! Fais que ceux qui ont des yeux voient, que ceux qui ont des oreilles entendent ! Tâche de fortifier les sages, de ramener les indécis, de convaincre les incrédules ! Montre dans toute leur évidence et fais toucher du doigt les aberrations politiques et les obstinations insensées de gens incorrigibles, qui ne voient d'autre moyen d'aller à leur fin que de troubler la paix publique ! Prouve enfin qu'il vaut mieux vivre sans eux que de périr avec eux !

CHAPITRE PREMIER

CONSIDÉRATIONS GÉNÉRALES SUR L'OPPOSITION.

> Plus ça change, plus c'est la même chose.
> ALPH. KARR.

O France! noble et beau pays, terre bénie du ciel, reine des nations, toi dont le nom veut dire honneur et loyauté, dont la splendeur remplit l'histoire, et qui comptes dans quelques pages de tes annales plus de merveilles que l'on n'en trouve chez tous les autres peuples ensemble; patrie adorée, à toi mon amour et mon dévouement! Quand je te vois souffrir et pleurer, mon cœur saigne à l'unisson du tien. Quand je te vois heureuse et grande, il tressaille d'allégresse!

Mais hélas! terre féconde et généreuse, c'est en vain que tu prodigues tes bienfaits et que tu répands à profusion d'une main libérale tous les trésors dont regorge ton sein maternel. C'est en vain que la moisson mûrit pour nourrir tes enfants, que la vigne distille sur les côteaux sa liqueur vivifiante, et que tes eaux livrent leurs richesses aux filets des pêcheurs. C'est en vain que sous ton ciel d'azur, sous ton climat bienfaisant et doux, on voit toutes les grandes choses éclore et croître comme en un terrain de prédilection : ici les arts, dont les innombrables chefs-d'œuvre sont devenus la règle et non plus l'exception; là, les sciences qui transforment et rapprochent les nations, en semant la terre de leurs prodiges; auprès d'eux, la littérature qui peint tout des plus belles couleurs de sa palette. C'est en vain que le drapeau dans les siéges et les batailles se couvre d'une gloire immortelle. Enfin c'est vainement, noble et valeureuse patrie, qu'au soleil de la liberté on assiste à l'éclosion de tous les progrès. Les temples saints pour prier Dieu, les écoles pour instruire les intelligences, les maisons de bienfaisance pour soulager les misères du pauvre, les chemins de fer pour relier entre elles les provinces, les promenades et les squares pour assainir et embellir les villes, tout reçoit l'impulsion de l'activité contemporaine et participe aux améliorations qu'on ne cesse de réaliser.

Et cependant, malgré leur évidence, qui brille comme la lumière du jour, toutes ces œuvres admirables sont pour certains esprits moroses des lettres mortes; tout cela pour eux n'est rien.

O France! mère bien-aimée, des enfants dénaturés et ingrats, non contents de nier la vérité de ta splendeur et de tes bienfaits, osent déchirer sans pitié ton corps maternel, et repousser lâchement ta main généreuse, qui ne s'ouvre que pour des largesses!

Ils ont pris pour signe de ralliement le nom d'opposition, c'est-à-dire le contraire du sens commun; et, sous cette bannière de l'absurdité, ils veulent paraître sérieux et imposer leurs lois au pays! Aveuglement des aveuglements! illusion des illusions! Ils sont aux vrais politiques, aux législateurs prudents et sages, aux philanthropes dévoués et intelligents, ce qu'au moyen âge les truands travestis en mascarades étaient aux vrais papes, aux vrais évêques, aux vrais ministres de la religion. En un mot, ils prennent la caricature de la vérité pour la vérité même, et ils voudraient la faire accepter comme telle.

En présence de leurs doctrines erronées et dangereuses, dont l'application serait le malheur de la patrie, le désordre de l'État, l'anarchie du gouvernement, la guerre civile et fratricide du peuple, il faut protester hautement et énergiquement. Pour nous, tant que nous aurons pour la France l'amour qu'un fils doit à sa mère, tant que notre cœur battra au nom des lieux qui nous ont vu naître et où nous voulons vivre et mourir en faisant le bien, nous ne cesserons de repousser leurs injustes attaques, qui ont pour effet, sinon pour but, de troubler la paix publique.

La même antipathie que Voltaire éprouvait pour les jésuites, que Veuillot ressent pour les libres-penseurs, et M. de Boissy pour les Anglais, nous l'avons au même degré pour l'Opposition. Nous nourrissons contre elle, comme le dit si bien Molière :

> Ces haines vigoureuses
> Que doit donner le vice aux âmes généreuses.

L'Opposition attaque sans cesse le gouvernement, et tout ce qui par lui se fait de bien. Nous allons attaquer à notre tour l'Opposition, et nous promettons de ne pas y aller de main morte, mais d'y mettre toute la vigueur dont nous sommes capable, toute l'énergie que fait naître en nous le sentiment du bien et du vrai. C'est au nom de ces sentiments que nous parlons.

L'Opposition se vante d'avoir le courage de dire au Pouvoir de dures vérités; nous allons lui dire les siennes, dont elle ne paraît pas avoir conscience. Elle croit posséder toutes les vertus civiques, toutes les grandes qualités, toutes les idées généreuses; nous allons voir que c'est tout le contraire qu'elle a en partage. Nous lui arracherons le faux nez dont elle se masque, et nous la montrerons à nu dans toute sa laideur; nous ne ferons qu'user à son égard du droit de critique dont elle use elle-même largement à l'égard du gouvernement ; ce ne sont que de justes représailles. Elle ne peut se fâcher des vérités que nous lui dirons, car nous les lui dirons au nom de son plus cher et plus précieux principe, la liberté de la presse. L'opposition la réclame à grands cris, cette liberté, pour attaquer tout ce qui est bon ; nous déclarons, nous, ne pas en avoir besoin pour attaquer ce qui est mauvais. Elle veut bien combattre les autres à outrance, mais elle ne veut pas qu'on lui rende la pareille ; cela n'est pas juste, il faut au moins qu'il y ait réciprocité, *par pari refertur ;* la loi d'équité le veut ainsi.

L'Opposition est semblable à ces aérostats qui s'élèvent dans les nues, mais qui ne sont bons à rien et ne présentent aucune utilité. On les admire, mais on ne s'y fierait pas pour tout l'or du monde. Pour cela, il faudrait avoir perdu la tête, car ceux qui y ont confiance s'exposent à des chutes terribles. Or, il en est des idées et du gouvernement de l'opposition comme de l'art de diriger les ballons : c'est du vent ou du vide, mais surtout c'est du danger.

Le seul, mais triste, mérite de l'Opposition, c'est d'avoir mis un bandeau sur les yeux de quelques citoyens honnêtes et sages qui, se laissant duper par les apparences, ont pris pour du bronze ce qui n'était que du plâtre peint. Nous allons ici, en grattant la couleur, montrer la supercherie, et peut-être alors aurons-nous le bonheur de faire tomber le bandeau des yeux de bien des gens.

Voyons, franchement, la main sur la conscience, est-il rien au monde de plus saugrenu et de plus pitoyable que de dire : Je suis de l'opposition, je fais de l'opposition. Il est tout à fait impossible de rien voir là de logique et de sensé. Dire qu'on est libéral, qu'on est progressiste, passe encore; cela ne peut se comprendre qu'en bonne part; cela révèle de beaux sentiments; et nous déclarons, pour notre part, que ce sont là les nôtres, comme ce sont ceux de tous les honnêtes gens. Mais dire : Je suis de l'opposition, ça n'a pas l'ombre du bon sens, c'est tout bonnement absurde.

Car enfin, que veut dire opposition? Cela veut dire : Qui s'oppose à. — Qui s'oppose à quoi? — Aux actes et à l'initiative du gouvernement. Mais le gouvernement ne veut, ne cherche, ne réalise que le bien; tous ses actes sont inspirés par l'amour du bien et marqués au coin de la sagesse et de la prudence. Lui faire opposition. c'est donc vouloir agir en sens contraire de lui; et comme il veut le bien, c'est vouloir le mal : car, lorsqu'on n'est pas pour l'autorité, on est contre elle.

Oui, le mal ! voilà pourtant à quelles conséquences, sans s'en douter et de la meilleure foi du monde, arrive l'Opposition par sa tactique déplorable. Il serait facile de citer et de multiplier les faits où elle a pris le contre-pied du bon sens et le contraire des intérêts du pays. Ces faits abondent, et l'on n'a que l'embarras du choix. On verrait dans tous la réalisation de ce proverbe : Qui veut noyer son chien l'accuse de la rage. On verrait des attaques sans rimes ni raison, des exagérations incroyables, et, en somme, beaucoup de bruit pour rien.

Aussi nous ne comprenons pas et nous ne comprendrons jamais qu'on ose avoir le piteux courage de s'intituler homme de l'opposition, ce qui veut dire ennemi des gouvernements et des lois, et ami du désordre et de l'erreur. Oui, s'appeler opposition et vouloir le bien du pays sont deux antithèses, deux choses incompatibles. Les nègres ne peuvent engendrer des blancs; et des loups il ne peut naître des agneaux.

S'orner comme d'une parure d'un titre que tous

les honnêtes gens honnissent, méprisent et bafouent, c'est une singulière aberration, un trouble intellec-tuel bien étrange. Il semble qu'en s'injuriant ainsi soi-même, la rougeur devrait monter au front. Cela nous rappelle cette prostituée qui, passant en police correctionnelle, répondait au président lui demandant sa profession : Je suis fille publique, et je m'en fais gloire. Or, il y a des gens de cet acabit-là, pour qui le beau c'est le laid, et qui se font un mérite d'être ridi-cules. C'est une manière comme une autre de poser, de se rendre très-intéressant, d'attirer sur soi l'attention. C'est la queue du chien d'Alcibiade. Poser pour quelque chose de très-drôle, tel est un des motifs qui font l'op-position. Si elle posait pour ce qui est bien, sage, vrai, utile, elle ne serait plus l'opposition ; elle serait le sens commun.

Si nous allons au fond des choses, nous verrons que la plupart des oppositions donnent dans ce travers. Sou-tenir que deux et deux font quatre, qu'il fait jour à midi, que la partie est plus petite que le tout, que deux quantités égales à une troisième sont égales entre elles, tout cela n'est pas drôle ; c'est penser et dire comme tout le monde. La belle avance !

Mais au contraire prétendre qu'il fait grand jour à minuit, que le cuivre est de l'or, que le verre est du diamant, que le Pyrée est un homme, c'est là ce qu'il y a de superbe, de très-fort et de très-joli ; c'est là le triomphe du sublime et de la nouveauté ! Ah ! certaine-ment ce ne sont pas là les idées de tout le monde.

Or, ceux qui s'épuisent en efforts impuissants pour défendre ces idées illusoires, ne sont pas autre chose, à notre avis, que des poseurs. Seulement, ils croient poser pour l'originalité, et ils posent pour l'absurde, ils croient poser pour l'esprit, et ils posent pour la bêtise. Ils en sont pour leurs frais d'éloquence qui n'aboutissent à rien, *telum imbelle et sine ictu*. C'est un orage dans un ciel pur, qui en rompt la monotonie, voilà tout. Aussitôt passé, le calme renaît, et la nature reprend sa grâce et sa beauté voilées un moment par cette éphémère tempête.

Sans doute l'opposition n'exclut pas la probité, l'honneur, tous les beaux et grands sentiments de l'âme immortelle. Elle n'exclut que le sens commun. Elle peut donc compter dans ses rangs des hommes honorables, convaincus et consciencieux.

Mais, à côté de cela, nous ferons remarquer ce contraste étrange, c'est que tous les mécontents, les envieux, les déclassés, les gens sans aveu, sans considération, sans valeur, les caudataires de l'utopie, les chevaliers servants de la sottise, les chercheurs de sophismes, les marchands d'erreurs politiques, les propagateurs de paradoxes, les fauteurs de désordre, et dans un autre groupe, tous ceux qui sont en butte aux mépris public, les régicides insensés et lâches que les lauriers de Jean Chatel et de Ravaillac empêchent de dormir, les Erostrates du bien public, les brutes sanguinaires qui raisonnent à coups de barricades et de bombes fulminantes, toutes ces natures vicieuses et dépravées dont l'esprit se tourne sans cesse vers le mal comme la boussole vers le nord, tous ces êtres exécrables et exécrés, suppots de Satan, vomis par l'enfer, depuis le stupide ivrogne appelé Mazzini jusqu'à l'infâme cannibale appelé Juarez, tous ces gens-là sont et font de l'opposition. C'est un amalgame bien singulier, bien disparate, bien hétérogène, mais dont l'existence n'en est pas moins réelle.

Prenez au dernier degré de l'échelle sociale n'importe quel individu, vous trouverez en lui un soldat de l'opposition. Jamais ceux qui appartiennent à cette tourbe méprisable, vivant de mendicité et de vols, chevaliers d'industrie, repris de justice, forçats libérés, ne seront partisans de l'ordre, du travail, de tout ce qui se fait de bien pour le progrès. Jamais vous ne les verrez dans les rangs des honnêtes gens. La révolution est leur Messie, leur culte. Insurgés à l'état latent, ils tournent leurs yeux et leurs vœux vers l'opposition, espérant que d'elle sortiront les perturbations sociales dont ils feront la curée, comme des corbeaux qui se jettent sur un cadavre.

C'est là un fait d'observation, une vérité évidente, incontestable et qui prouve d'une façon péremptoire la non-valeur morale des idées de l'opposition, puisqu'elles ont pour champions tout ce qu'il y a de plus vil en ce monde. Ces idées sont donc très-mauvaises, puisque la canaille les aime et les adopte. Nous pouvons donc déjà résumer ces considérations dans un aphorisme, à l'instar de ceux de Balzac et de Brillat-Savarin.

APHORISME Ier. *Tous les gens de l'opposition ne sont pas tarés, mais tous les gens tarés sont de l'opposition.*

Plus nous étudions l'opposition, plus nous la disséquons pour en faire l'analyse, et plus nous acquérons la conviction profonde de sa fausse sagesse. L'opposition, c'est un leurre colossal, une attrape des plus grossières, une insigne mystification, un piége tendu à l'ignorance. On peut dire d'elle en lui appliquant un vers célèbre, que la sottise humaine fait toute sa science. Elle n'est pas autre chose qu'un bazar politique aux cent mille niaiseries. C'est la grande exhibition des utopies, des songes creux, des sophismes, des paradoxes, et autres monstruosités intellectuelles. C'est l'arsenal le plus complet de toutes les absurdités humaines.

Avez-vous visité parfois le musée Dupuytren ? C'est un musée effrayant, où l'on voit réunies toutes les hideurs possibles de la structure du corps humain, tous les épouvantables désordres de l'anatomie pathologique : ici des fœtus difformes et monstrueux ; là des tumeurs volumineuses déformant horriblement certaines parties du corps. Tout cela est affreux à voir ; tout cela est triste à méditer. Tout ce qu'on y contemple est tellement contre nature qu'on se demande comment cela a pu se produire. Ce douloureux spectacle n'est certes pas fait pour égayer l'esprit.

Eh bien ! il en est exactement de même des idées de l'opposition. C'est un vrai musée Dupuytren politique. C'est le spécimen des monstruosités gouvernementales comme l'autre l'est des monstruosités humaines. De là résultent deux nouveaux aphorismes :

APHORISME II. *La politique de l'opposition est à la politique sage, droite et vraie, ce que les fœtus difformes du musée Dupuytren sont à l'Apollon du Belvédère.*

APHORISME III. *Les mots opposition et absurdité sont deux mots équivalents.*

Quand nous voyons l'opposition attaquer l'autorité qui tient son pouvoir du peuple lui-même, la critiquer amèrement et vouloir lui apprendre à gouverner, nous croyons voir le juif Shylock gourmandant saint Vincent de Paul et voulant lui apprendre la charité. C'est vraiment le comble du grotesque ; car est-il rien qui soit plus digne de ce nom que de voir une paille dans l'œil du gouvernement et de ne pas voir une poutre dans le sien. C'est comme Gros-Jean qui veut en remontrer à son curé.

Les députés qui ont la conscience et le sentiment des devoirs sacrés que leur impose leur noble mission sont avant tout des hommes d'ordre, sachant comprendre et pratiquer l'amour de la patrie, le respect du souverain, l'obéissance aux lois. L'opposition, elle, foulant aux pieds le sens commun le plus vulgaire, prend le contre-pied de ces devoirs. Elle intervertit le sens des mots du dictionnaire et embrouille les notions morales les plus claires.

L'ordre, pour elle, c'est d'exalter les esprits, de faire fermenter les cerveaux par des idées subversives, de tenir les populations dans un état continuel d'ébullition, de remplacer le saint travail par des rassemblements tumultueux, d'affliger tous les honnêtes gens, d'inquiéter les propriétaires, d'arrêter le commerce, d'enchaîner l'industrie, de porter le trouble et l'incertitude dans tous les cœurs en mettant partout la passion à la place du bon sens.

L'amour de la patrie, c'est, pour l'opposition, d'exciter les haines entre les citoyens, de les désunir, de les armer les uns contre les autres, de déblatérer dans des clubs contre tout ce qui est grand, vrai, et beau, d'habiller le mensonge avec le manteau de la vérité, de créer non des frères doux et tolérants, mais des fanatiques violents et forcenés, de raisonner à coups de barricades pour uniques arguments, de prendre pour plumes des fusils, et pour écritoire le cœur des hommes vertueux, et de signer avec un sang fratricide des actes abominables, qui deshonorent l'humanité.

Mais, en revanche, quand la France prend les armes, soit au nom d'une grande idée ou d'un grand principe, soit au nom de son honneur outragé, l'opposition proteste ou s'abstient. On dirait que la gloire du drapeau l'afflige et la chagrine. On dirait que les victoires que nous inscrivons dans nos fastes militaires sont pour elle autant de soufflets et de griefs. En Crimée, notre épée défend une grande idée, l'équilibre européen ; l'opposition s'abstient. En Italie, nos soldats vont donner leur sang pour faire triompher un grand principe, l'unité et la nationalité d'un peuple ami; l'opposition boude et murmure. Au Mexique, nous allons venger une injure faite à notre honneur; l'opposition proteste. Et cependant jamais guerre fut-elle plus légitime, plus urgente. Pour une idée généreuse, pour un grand principe, on peut, à la rigueur, sans être blâmable, rester en paix chez soi et ne pas affronter le sort des batailles. Mais pour une injure à l'honneur de la France, pour un outrage à son drapeau, l'inaction alors est-elle admissible? Peut-elle se comprendre? Il faudrait dans ce cas ne rien sentir de chaud battre sous la mamelle gauche, ne pas avoir de sang dans les veines, ou que le sens moral paralysé et atrophié ne parlât plus à la conscience. Blâmer la guerre du Mexique ce n'est pas être Français, c'est être Anglais; c'est préférer l'argent à l'honneur.

Le respect au souverain, pour l'opposition, c'est dénigrer son pouvoir, nier ses droits, suspecter ses projets, interpréter en mal ses actions, faire naître contre lui la désaffection, saper son autorité et son influence, se taire sur les grandes choses qu'il accomplit, fermer les yeux aux améliorations et aux progrès dont il prend l'initiative, en même temps rechercher avec un acharnement méticuleux les faits les plus minimes et les plus insignifiants qui peuvent être sujets à blâme, n'employer sans cesse que le microscope de la passion et de l'injustice et prétendre juger avec sagesse, grossir les choses sept ou huit cents fois plus qu'elles ne le sont, et prendre des vétilles pour des monstruosités, afficher des exigences absurdes, demander au pouvoir des impossibilités, traiter sa popularité de comédie, mettre sans cesse des bâtons dans les roues pour entraver sa marche, présenter des amendements rédigés en style impoli et impertinent, s'abstenir d'assister aux obsèques des hommes d'État amis du Prince, refuser d'illuminer aux fêtes publiques et aux victoires nationales. Voilà comme l'opposition pratique le respect dû au souverain.

L'obéissance aux lois, pour l'opposition, c'est attaquer celles qui existent, chercher à déprécier les meilleures, enlever leur prestige aux plus utiles, en réclamer d'impossibles ou d'absurdes, frapper sans cesse sur la constitution, calomnier indignement le suffrage universel, se mettre en dehors du droit commun, et chercher à faire un État dans l'État.

Voilà pourtant ce qu'on appelle, *o altitudo!* les vrais patriotes, aveugles qui croient voir clair, sourds qui croient entendre, esprits biscornus qui se croient trèsdroits, grands hommes comme les mirmidons, amis de l'humanité comme en 93.

Pour nous, nous ne nous laisserons pas prendre à leur fausse valeur. Lorsqu'on décante une pièce de vin, le liquide sain et vivifiant sort d'abord par le siphon; puis, quand tout est sorti, que reste-t-il au fond du tonneau? de la lie. Eh bien! ce que la lie est à une tonne de vin, l'opposition l'est à la représentation nationale. Nous protestons de toutes nos forces contre un si plantureux non-sens. L'opposition n'est pas plus la France que la lie n'est le vin. Le clinquant n'est pas de l'or, le stras n'est pas du diamant; le navet n'est pas une pêche. Or, au banquet du corps social, suivant l'expression d'un grand publiciste, l'opposition joue le rôle de navet qui se croît pêche.

Parce qu'elle obtient les applaudissements de vils goujats et de plats farceurs, l'opposition croit avoir pour elle la France tout entière. Quelle incroyable illusion!

Quelle erreur profonde! Pas une seule des vingt ou trente mille communes de l'Empire ne lui est sympathique. Toutes lui sont hostiles. Toutes la détestent souverainement. Toutes n'ont pour elle que de la haine et du mépris. Et cela se comprend. Le gouvernement développe, protége, favorise, encourage l'agriculture de mille manières. L'opposition, au contraire, en contrecarrant tout ce que fait le gouvernement, agit en sens inverse et nuit à l'agriculture. Elle est donc la bête noire de nos campagnes, qui, inquiètes de l'avenir et n'attendant d'elle rien de bon, voient au siroco de l'opposition déserter les travaux des champs, le respect et l'obéissance disparaître.

Ah! si l'opposition possédait l'anneau de Gygès, et si, rendue invisible par ce talisman merveilleux, elle pouvait entendre tout ce qu'on pense et tout ce qu'on dit d'elle dans les campagnes, quel épais bandeau tomberait de ses yeux! Quelle lumière éclatante se ferait dans son esprit! Eh quoi! dirait-elle alors, voilà le langage que l'on tient sur mon compte! Voilà l'opinion que l'on a de moi! Je me croyais approuvée, et l'on me blâme; je me croyais applaudie, et l'on me siffle; je me croyai aimée et l'on me hait! Quelle est donc la valeur des idées que je défends pour obtenir ainsi la réprobation générale? La vérité est une. D'où vient donc que tant d'honnêtes gens paraissent ne pas la voir, ne pas la comprendre, et m'en font un crime?

Pourquoi les honnêtes gens ne veulent-ils pas marcher sous ton drapeau, dangereuse et imprudente opposition? Nous allons te le dire. C'est que les honnêtes gens n'aiment pas la révolution, parce que la révolution c'est le meurtre et l'incendie, la famine, la misère et les larmes; c'est le triomphe du désordre et de l'anarchie, le cataclysme des gouvernements et des lois. C'est que les honnêtes gens ont malheureusement vu plus d'une fois (et ne se soucient pas de le revoir encore) ce spectre maudit se dresser terrible et farouche sur le corps brisé de la patrie qu'il foulait sous ses pieds infernaux. C'est que la révolution, c'est l'orage et la tempête que l'angoisse et l'inquiétude précèdent, et que suivent le naufrage et le deuil. Toutes les révolutions se ressemblent plus ou moins, et lorsqu'on en a vu une, on peut dire qu'on les a vu toutes : *ab unâ disce omnes.*

Les honnêtes gens savent donc parfaitement que c'est l'opposition, l'opposition seule, qui fait naître les révolutions. Celles-ci descendent toujours d'elle vers le peuple, et ne montent jamais des peuples vers elle. Au contraire, avec des députés dévoués à l'ordre public, à la prospérité du pays, aux sages progrès, on n'a pas à craindre cette éventualité. On sait qu'avec eux, guides prudents et sages, on s'éloigne de ce principe, et qu'avec l'opposition on le côtoie et on y tombe. Ceux qui appartiennent au premier groupe sont, pour le corps social, la santé et la vie ; ceux du second groupe sont pour lui la maladie et la mort.

Voilà pourquoi les honnêtes gens, les hommes d'ordre, dévoués au bien public et comprenant les vrais intérêts du peuple, ne donneront jamais le grotesque spectacle de se ranger sous la bannière saugrenue de l'opposition. Pour tout homme sensé, en effet, l'opposition n'est composée que de sophistes qui se battent les flancs comme des coqs en colère, pour prouver quoi ? que deux et deux font sept, que le charbon est blanc comme neige, et que marcher sur les mains est plus commode que de marcher sur les pieds, et autres balivernes du même calibre. C'est à peu près de la même force que la demande de cet aliéné de Charenton qui écrivait au ministre de la guerre de faire tanner les

pieds des soldats pour économiser les chaussures.
Un poëte a dit avec autant de vérité que d'esprit :

Rien n'est beau que le vrai, le vrai seul est aimable.

Pourquoi l'opposition est-elle laide et désagréable ?
C'est parce qu'elle est le contraire du vrai. Et comme le
vrai ne peut produire que le bien, le contraire du vrai
ne peut produire que le contraire du bien, c'est-à-dire
le mal. Nier l'ignorance crasse de l'opposition en politique, son impéritie flagrante, son incapacité notoire,
c'est nier l'évidence. Car, Dieu merci, depuis qu'elle
existe, elle a donné mainte et mainte fois la mesure de
son talent, et elle a prouvé surabondamment sa nullité
administrative.

Le gouvernement des plus mauvais rois, même celui
de Louis XI, a fait moins de mal à la France que celui
de l'opposition. Quand celle-ci a tenu en main les rênes
de l'État, tous les malheurs se sont abattus sur la nation comme une pluie d'orage. Lorsque les Marat, les
Couthon, les Fouquier-Tinville, les Collot-d'Herbois, et
toute cette crapuleuse lie de l'espèce humaine répan-
daient mille fois plus de sang que Tibère et Néron n'en
ont jamais fait couler, ces hécatombes sanglantes étaient
les dépouilles opimes qui ornaient le char triomphal de
l'opposition d'alors. Les hommes qui la représentaient
étaient au pouvoir, et contrairement à l'empereur Titus
qui ne comptait ses journées que par ses bienfaits, ils
ne comptaient les leurs que par leurs crimes. Ils tran-
chaient la tête à tous ceux qui ne partageaient pas leurs
opinions, singulière manière d'entendre la liberté dont
ils avaient sans cesse le nom à la bouche ! Non, il n'est
pas assez d'anathèmes pour flétrir ces tigres altérés
de sang, qui n'avaient de goût qu'aux plus noires
cruautés !

Or, adopter les idées de l'opposition et les prendre pour conseils et pour guides, c'est se mettre inévitablement sur une pente glissante qui conduit peu à peu à toutes ces gentillesses sataniques, à toutes ces fines fleurs de scélératesse dont Carrier, à Nantes, fut le parfait modèle. C'est la conséquence forcée des prémisses.

Non, l'opposition n'est plus de saison. C'est un contre-sens comme le serait aujourd'hui les culottes courtes et les habits Louis XV. C'est du rococo, c'est de la friperie politique. Les gens qui rêvent le bien et la grandeur du pays, en s'appelant l'opposition, se blousent et se mettent, comme on dit, le doigt dans l'œil. Pour nous, nous sommes convaincu que plus d'une fois, dans le fond de leur conscience, ils ont dû entendre la voix méconnue de la patrie en larmes leur répéter, comme dans l'*Enfer*, du Dante : O vous qui entrez ici, perdez toute espérance de m'être utiles. *O voi qui entrate, la sciate ogni speranza !*

CHAPITRE II

LES PORTE-DRAPEAUX DE L'OPPOSITION.

> J'appelle un chat un chat, et Rollet un fripon.
> BOILEAU.

Parlons un peu de ces bons messieurs de l'opposition, et tâchons d'esquisser à grands traits quelques silhouettes.

Il est bien entendu, ainsi que nous l'avons déclaré en commençant ce travail, que nous professons le plus profond respect pour ces éminents citoyens. Nous les estimons pour les plus braves et les plus honnêtes gens du monde. Nous sommes loin de leur refuser l'intelligence qu'ils ont supérieure, et le savoir qu'ils ont immense. Nous leur faisons volontiers la part la plus large possible en fait d'honneur et de moralité.

Mais malheureusement ce n'est point de cela qu'il s'agit ici. Sous l'homme privé se cache l'homme politique. Nous mettons de côté l'homme privé, qui est parfait, pour ne voir que l'homme politique, qui est détestable. Cette alliance monstrueuse de grands talents mis au service de grandes erreurs, n'est pas sans exemple. Le pur Marai, l'intègre Danton et le vertueux Robespierre en furent la preuve vivante. Or il en est de cela comme de ces monomanes qui ont l'intelligence la plus vive sur tous les points, sauf un seul où ils sont en proie à une conception délirante. Et, chose incroyable, c'est cette conception délirante qu'ils défendent avec le plus d'énergie. Ils y mettent tant d'acharnement, tant d'ardeur, ils paraissent si profondément convaincus de la vérité de leurs erreurs, qu'on voit un grand nombre de gens, d'un esprit étroit et faible, il est vrai, se ranger à leur avis, abonder dans leur sens, marcher sous leur bannière.

La politique des personnages dont nous allons parler est très-mauvaise. Ils la croient très-bonne; c'est là leur monomanie. C'est elle, elle seule, que nous allons peindre, que nous allons photographier. Ce n'est pas un portrait charnel que nous faisons, mais un portrait idéal. A l'homme privé, nous tirons très-humblement notre chapeau; mais pour les idées subversives, nous prenons uu bâton et nous tapons dessus vigoureusement. Paix à l'homme, guerre à l'erreur.

Diffamer un citoyen quel qu'il soit est un crime abominable et satanique, qui est à cent mille lieues de notre pensée et de notre cœur. Et si dans la critique que nous allons faire en usant du droit commun, on pouvait supposer que telle fût notre intention, nous aimerions mieux déchirer notre œuvre et briser notre plume. Nous le répétons, nous n'attaquons que les idées, et non les hommes qui les défendent. Or celles-là sont plus terribles que ceux-ci. Et quand on déclare la guerre à un ennemi redoutable, on ne charge pas ses armes avec des feuilles de roses.

Le plus marquant et le plus remarqué des hommes qui ambitionnent la triste gloire de faire de l'opposition à tous les pouvoirs et sous tous les régimes, est un personnage dont la réputation a été considérablement surfaite, et qui n'est pas plus un grand homme qu'il n'est un homme grand. Ses opinions sont des fractions d'opinions, et ses actes des fractions d'actes. Sa petitesse, jointe à la vivacité de ses mouvements, le fait ressembler à un astèque devenu gros. Il voudrait faire une France à sa taille. Il l'a faite une fois. Mais il est à croire que l'essai n'a pas été heureux, car personne ne se soucie aujourd'hui de voir renouveler cette tentative.

Hélas ! ses idées sont tout ce qu'il y a de plus terre à terre. En vain, dans son aveuglement, il voudrait les faire passer pour des conceptions sublimes. Ses efforts sont impuissants et il y perd son temps et ses peines. En vain il essaye de les réchauffer, de les galvaniser au feu tiède de son éloquence, elles retombent aussitôt inertes dans la poussière de la mort. Il les croit meilleures que celles des autres parce qu'il en est le père, comme le hibou croit que ses petits sont les plus beaux de tous les oiseaux.

Profondément épris de la députation, il a pour elle les yeux qu'avait Rodrigue pour Chimène. Il fit tant des pieds et des mains qu'il est sorti vainqueur d'un combat où il n'avait que faire et qu'il n'aurait pas dû engager. Il en recueille aujourd'hui le triste prix, car il se couvre non pas de gloire, mais de moqueries, et son nom de plus en plus bafoué n'inspire plus que la risée.

On dit de lui qu'il est grand orateur. Nous savons qu'il parle quelquefois pendant quatre heures d'horloge sans démordre. Que prouve une pareille loquacité ? Deux choses. D'abord une grande facilité d'élocution, ce qui n'est pas un défaut. Mais surtout cela prouve la pauvreté, la faiblesse, le vide des idées. L'orateur, comprenant leur peu de valeur, tâche de remplacer la qualité par la quantité. Aussi l'on peut dire qu'en général plus un discours est long, plus la thèse que l'on soutient est mauvaise. Elle perd en force ce qu'elle gagne en étendue. Quand on défend une mauvaise cause, on croit la rendre bonne en parlant longuement. C'est une singulière prétention. Tout le monde sait que l'erreur a besoin précisément des plus riches parures pour s'efforcer de plaire et s'imposer aux esprits. Car, autrement, sans ce clinquant, sans ce luxe, sans ce fard, sans ces oripeaux qui lui font des attraits factices, sans tous ces ornements d'emprunt elle serait honnie et repoussée de partout.

C'est ainsi que se présentent tous les discours de l'opposition. Ce ne sont que des décors de théâtre, des perspectives sur toile, sans profondeur, des arbres en carton peint. Et elle voudrait donner tout cela pour la réalité.

La vérité, au contraire, n'a pas besoin de tout ce faux éclat pour plaire. Nue et sans ornements, elle brille assez par elle-même, et n'a qu'à se montrer pour gagner tous les cœurs. Les discours des orateurs du gouvernement, on peut le dire avec justice, sont imbus de cette précieuse qualité. Ayant le mérite de défendre la vérité, ils en ont aussi le succès. Devant leur parole claire, noble et sensée, l'erreur vaincue retombe dans la poussière ; elle s'évapore à ce souffle puissant comme la fumée dans l'air, *seu fumus in auras*. On assiste donc à ce merveilleux spectacle d'une lutte oratoire où la vérité, représentée par le gouvernement, ne compte que des victoires, et où l'erreur, représentée par l'opposition, ne compte que des défaites.

D'où nous concluons que si l'opposition est bonne à quelque chose, c'est uniquement à faire voir le contraste qui existe entre le bien et le mal, à montrer que le faux est le repoussoir du vrai, comme la laideur l'est de la beauté. Seulement c'est un triste rôle qu'elle joue là, et qui ressemble à ceux de certaines pièces qu'aucun acteur ne veut prendre parce qu'on y est battu et sifflé !

Pour en revenir à ce puissant orateur, si l'on peut admettre que l'éloquence consiste à parler pour ne rien dire, à noyer des idées fausses dans un torrent de vaines paroles, à semer des harangues ampoulées de contradictions et de platitudes, à sculpter une statue dont la tête est d'or et les pieds d'argile, à prouver que pour marcher dans la voie du progrès il faut imiter l'écrevisse ou la borne, que pour être grand il faut que les autres soient petits, que pour voir plus clair il faut se mettre un bandeau sur les yeux ; enfin, si l'éloquence consiste à émettre dans les grandes questions des idées de pied-plat, à donner de la poltronnerie pour de la prudence, et l'avarice pour de l'économie, et avancer cent autres choses semblables qui vont au rebours du sens commun ; dans ce cas-là nous admettons volontiers qu'il est un très-grand orateur.

On dit aussi du personnage dont nous parlons qu'il est grand politique. Cette fois, cela passe la permission. Qu'on le trouve grand écrivain, quoique terne et filandreux ; qu'on le trouve grand orateur, quoique long et ennuyeux ; passe encore. C'est affaire de goût et tous les goûts sont dans la nature. Mais la même différence, le même abîme qui existe entre Turenne et Chamillard, entre le feu et l'eau, existe aussi entre un grand politique et lui, c'est-à-dire qu'il est tout le contraire.

On reconnaît l'artisan à son œuvre, comme on reconnaît l'arbre à ses fruits. Or, nous l'avons vu à l'œuvre, et nous avons constaté avec tout le monde que son administration n'était qu'un tissu d'absurdités, qu'il commettait journellement boulettes sur boulettes, bévues sur bévues, sottises sur sottises. Il avait inventé et voulait faire accepter comme superbe cette pyramidale niaiserie : le roi règne et ne gouverne pas. Lui, il ne régnait pas, mais il gouvernait. De sorte que le véritable roi, c'était lui. On vit alors un pygmée, un nain politique, vouloir faire la leçon au monarque. Et, chose étrange, on toléra longtemps, sans protester, une pareille injure faite au pouvoir.

L'énumération de toutes les fautes grossières qui furent accumulées par ce triste politique serait trop longue à faire, mais l'histoire est là pour les raconter. A défaut de l'histoire, il y a un ouvrage très-curieux et très-véridique à consulter sur ce sujet, ouvrage plein d'un véritable esprit gaulois, écrit avec le bon sens de Montaigne, et la verve incisive de Juvénal. C'est l'ouvrage d'Alph. Karr intitulé *les Guêpes*. Jamais Sancho Pança n'a été berné par les muletiers, jamais Géronte n'a été bâtonné par Scapin, jamais Nonotte et Patouillet n'ont été flagellés par Voltaire avec autant de vigueur que l'auteur des *Guêpes* en a mise à bafouer le personnage en question. Il faut lire cet ouvrage désopilant pour être entièrement édifié sur la valeur du prétendu grand homme. C'est un feu roulant d'esprit. C'est du sel attique assaisonnant la critique la plus juste. On voit quelquefois sur les champs de foire des têtes grotesques qui servent à montrer aux amateurs la force de leur coup de poing. Jamais on n'a asséné sur ces têtes grotesques une grêle de coups plus formidables que ceux dont Alph. Karr a gratifié ce personnage.

Du reste, ce fameux politique a semé ses idées sous le règne de Louis-Philippe. Qu'a-t-il récolté? Une révolution, la chute d'un trône, l'exil d'une famille royale, le naufrage des lois et de tous les intérêts sociaux. Comment en eût-il été autrement, lorsque, au lieu de créer des chemins de fer, œuvre éminemment utile, on gaspillait les deniers publics à faire les fortifications de Paris, absurdité aussi inutile que gigantesque, et qui disparaîtra un jour comme les murs de Lyon.

Pilote téméraire et malheureux, n'ayant pas su diriger le vaisseau de l'État, mais l'ayant par sa faute brisé contre les écueils, il voudrait encore aujourd'hui donner comme bonnes ses idées que l'expérience a déclarées mauvaises. Et tel est son aveuglement que c'est encore aujourd'hui la route des précipices où jadis il faillit périr qu'il indique comme la meilleure.

Il revient sur la scène politique, n'ayant rien appris et rien oublié, pour débiter ses éternelles rengaines d'un autre temps. A la vue de ce revenant qui exhume ses idées mortes, espérant leur rendre la vie, on croit voir Frédéric Lemaître, vieux, sans force et sans voix, ombre de lui-même, osant affronter la rampe du théâtre et faisant de vains efforts pour arracher des applaudissements auxquels il se croit des droits, mais que le bon sens lui refuse.

Franchement le personnage dont nous parlons mériterait qu'on lui adressât l'apostrophe que Hernani adresse à don Ruy Gomez (*Hernani*, acte III, scène VII, vers 32). Qu'il sache donc qu'il a fait son temps, et qu'aujourd'hui sa présence dans l'opposition est la plus grosse balourdise de sa vie. Qu'il sache que sa vieille politique, comme il a la naïveté de l'appeler, n'est que du ruolz et du chrysocale, qu'elle est à la jeune et bonne politique ce que la Phèdre de Pradon est à la Phèdre de Racine. Qu'il sache enfin qu'en exposant d'une façon si maladroite ses cheveux blancs à la risée des générations qui s'élèvent, il ternit à jamais le peu de gloire qu'il avait acquise.

Puisse-t-il, rentrant en lui-même, nous délivrer de son agaçante personnalité! Et qu'il comprenne enfin que si la France est grande, prospère et glorieuse aujourd'hui, c'est parce que le gouvernement, pour atteindre ce but, a pris le contre-pied de ses idées et de ses actes et a réalisé tout le contraire de ce qu'il conseillait autrefois et de ce qu'il conseille encore. Son seul mérite aura donc été celui-ci : c'est qu'ayant des opinions contraires au sens commun, il suffit de les connaître ou de les lui entendre exprimer pour se bien garder de les suivre et pour se décider dans un sens diamétralement opposé où se trouvent la vérité et la sagesse.

Il paraît que de tout temps on a vu et que de tout temps on verra des grenouilles qui se croient grosses comme des bœufs et des vers luisants qui se croient des étoiles.

Passons à un autre personnage politique dont le tableau des idées n'est pas moins curieux que celui du précédent. Il mérite le premier prix d'erreurs politiques. Il est de première force dans la culture de l'utopie, et il manie les sottises avec autant de dextérité que le bâtoniste du boulevard manie ses cannes. En somme, jamais la nullité politique n'a atteint un pareil degré. Jamais langage plus incohérent n'a été entendu par des oreilles sensées. C'est l'ut dièse de la stupidité. C'est l'aberration chauffée à blanc. Mettez dans un chapeau tous les mots du dictionnaire, et tirez au hasard, voilà ses discours. Ils n'ont, comme on dit, ni queue ni tête.

> On cherche ce qu'il dit après qu'il a parlé,
> Et je lui crois pour moi le timbre un peu fêlé.

Quand il a mis la main sur une bonne, grosse et grasse absurdité, sur une sottise obèse et rubiconde, sur une aberration pléthorique, comme ces géantes énormes et hideuses qu'on montre pour 10 centimes, il est si content de sa découverte qu'il s'écrirait volontiers comme Archimède : Εύρηκα, j'ai trouvé. Or, qu'a donc trouvé d'admirable et de transcendant ce politique aux grandes idées ? Il a trouvé dans sa sagesse qu'il fallait à l'avenir mettre toujours la charrue devant les bœufs, placer le fromage sous la garde du chat, attacher son chien avec des saucisses, et autres réformes de la même force. Homme étonnant! Quel talent il a! Bien certainement son nom passera à la postérité. Seulement prendra-t-il sa place à côté de Franklin et de Parmentier ou bien à côté de Cadet-Roussel. C'est là la question.

Le seul mot que l'on voit revenir à tout bout de champ dans ses discours est le mot liberté. Il le rabâche sans cesse comme un perroquet fatigant. A l'entendre nous n'avons pas la liberté. Il nous faut la liberté. Quand donc aurons-nous la liberté? Qu'on nous donne la liberté. Vive la liberrrrrté! La liberté, c'est son *credo*, son acte de foi, son cheval de bataille parlementaire. Mais son langage est si fastidieux que, quand il parle, la plupart des auditeurs s'en vont et ne l'écoutent pas, lui prouvant ainsi par un argument *ad hominem* qu'ils ont du moins la liberté de se soustraire au supplice de cette cacophonie et de ces platitudes.

Or, nier la liberté, c'est la négation la plus colossalement fausse qu'il soit possible d'articuler. Pour tout homme qui réfléchit une minute, cette assertion est le comble de l'absurdité. C'est exactement comme si on niait la lumière, comme si on niait l'existence. L'humanité n'est l'humanité que par la liberté; et, sans elle, elle rentrerait dans l'animalité. L'homme n'est homme que par la liberté; et, sans elle, il tomberait au rang des brutes. La liberté est le caractère radical, l'essence même de l'âme humaine. Qui dit intelligence, dit liberté. On ne peut pas plus admettre qu'il y ait de l'intelligence sans liberté, qu'on ne peut admettre qu'il y ait de la fumée sans feu. L'une est la conséquence forcée de l'autre; et pour nier ou détruire la seconde, il faudrait nier ou détruire la première. Sans la liberté

3

il ne peut y avoir d'intelligence ; il n'y a, dans ce cas, que de l'instinct, comme chez les bêtes.

Et nos passions, nos penchants, nos désirs, nos convoitises, nos plaisirs et nos peines, et cette faculté de vouloir ou de ne vouloir pas, de réfléchir et de juger, de raisonner et de choisir, tous ces actes de l'intellect et de l'activité ne sont-ils pas des signes évidents de la liberté ? Et cette voix de la conscience que nous entendons sans cesse en nous, qui nous approuve quand nous faisons bien, qui murmure et nous blâme quand nous faisons mal, n'est-elle pas aussi une preuve incessante de la liberté ? Est-elle donc commune aux animaux comme à l'homme ? N'appartient-elle pas exclusivement aux êtres intelligents ? Réclamer la liberté à corps et à cris, c'est enfoncer une porte ouverte.

Il n'y a pas deux libertés ; il n'y en a qu'une, celle qui vient de Dieu, comme l'âme elle-même, à laquelle elle est inhérente. Tout homme la porte en lui en naissant, avec l'intelligence, dont elle est en quelque sorte le ressort. Il n'y en a pas d'autre que celle-là. Toutes les choses qu'on affuble de ce nom ne sont que des mots ou des conventions, des produits factices comme tout ce qui est de création humaine.

Nous arrivons à un autre personnage politique qui a voué à la dissolvante opposition sa noble vie et son splendide génie. Seulement il pose pour la politique poissarde. Les mots qu'il emploie ont dû traîner dans les ruisseaux des halles. Et il a probablement eu pour maître de langues un chiffonnier ou un égoutier. Après cela, vous me direz que là où il y a de la gêne, il n'y a pas de plaisir, et que les mots ne comptent que pour ce qu'on veut les prendre.

Ce grand citoyen, bien certainement l'honneur et la gloire de sa famille, trouve que, dans un discours, les plus gros mots sont les meilleurs; et il aime à assaisonner ses ragoûts oratoires de ces âcres condiments. Sa phraséologie nauséabonde recouvre le nihilisme politique le plus complet. Sous ce rapport-là, il a son mérite. Il fait, sans le savoir, un tort extrême à son parti. Et l'on voudrait tuer l'opposition, qu'on ne pourrait guère s'y prendre mieux que lui. *Quos vult perdere Jupiter dementat.* Il a beau laver, comme il dit, son linge sale en famille, les absurdités de sa politique nuageuse y font des taches indélébiles.

Voilà pourtant un homme intelligent qui, parce qu'il a les idées d'un Iroquois, voudrait gouverner la France ! Confiez donc les destinées du pays à un pareil être. Ce serait un propre gâchis; et nous serions, comme on dit, dans de beaux draps. Mais hâtons-nous de quitter ce boueur politique et passons à un autre.

Celui-ci est un personnage qui, dans la farce de l'opposition, autrefois on eût dit la sotie, joue un rôle important. Ses idées sont bilieuses comme son teint. Il ressemble, à s'y méprendre, à cette méchante princesse des contes de fées qui ne pouvait parler sans voir sortir de sa bouche des serpents, des lézards, des vipères et des crapauds.

En l'écoutant, toute âme honnête éprouve les trois phénomènes internes de contraction, de concentration et de répulsion. La résultante de ces trois phénomènes psychiques, c'est l'antipathie et la haine. C'est l'effet que produit un fruit gâté et malsain.

Les trois phénomènes inverses de dilatation de l'âme, d'expansion et d'attraction, ont au contraire pour résultante la sympathie et l'amour. C'est l'effet que produit un bel oiseau chanteur, un beau fruit sain et savoureux. Mais bien certainement ce ne sont pas là les sentiments qu'inspire la politique du personnage dont nous parlons ; c'est la haine et l'antipathie qu'elle fait naître dans tous les cœurs.

Non content de parler beaucoup pour ne rien dire, l'éloquence qui sort de ses lèvres est enfiellée. L'envie au cœur étroit, la médisance aux yeux louches, la calomnie au parfum délétère, il couvre tout cela d'un manteau de fleurs. Il va même jusqu'à souiller de son haleine empoisonnée et de ses injustes et odieuses récriminations l'auguste magistrature française, ce noble et saint aéropage qui est la plus pure de nos gloires et qui présente un si heureux mélange de tous les talents et de toutes les vertus. Il est vrai que son bonheur, à lui, c'est de savoir que la populace avinée d'Amérique, dans des orgies hideuses, porte des toasts en son honneur. Heureux homme! Quelle chance il a! Parole d'honneur, c'en est trop! Avoir les mamours et les chatteries de la fange humaine en goguette, quelle jouissance inénarrable! quelle exquise friandise!

Le personnage en question est doublé d'un digne acolyte qui le suit partout. Ce fidèle Achate, *fidus Achates*, a les idées et le langage d'un valet, s'il n'en a pas le nom. Son maître et lui sont les deux fortes têtes de l'opposition. Ils sont inséparables comme Robert Macaire et son ami Bertrand. Le second est l'écho du premier. Son rôle est de renchérir sur les sottises et les platitudes qu'articule son compère. Il fait le deuxième ténor dans le tintamarre de cacophonie politique qu'ils font entendre tous les ans en duo. Quand l'un dit tue, l'autre dit assomme; et en effet, il est assommant.

Savez-vous à qui ces deux gaillards-là ressemblent? Ils ressemblent à Bilboquet et à Gringalet de la pièce des *Saltimbanques*. Ce sont des saltimbanques politiques. Ils crient aux badauds, qui les écoutent la bouche béante, avec force grimaces et contorsions : Entrez, prenez vos places. Venez voir ce que vous n'avez jamais vu, les tours de force les plus mirobolants; l'absurdité marchera la tête en bas, l'utopie dansera sur la corde sans balancier, le songe-creux montera dans la lune sur une bulle de savon, le paradoxe donnera une scène de haute école dans laquelle on verra pour la première fois le cavalier faisant le cheval et le cheval prenant la place du cavalier; enfin, le sophisme fera le saut périlleux les yeux bandés. L'éclairage sera le plus brillant, car il consistera en vessies qu'on aura le droit de prendre pour des lanternes. Seulement, chacun est prié de laisser son sens commun au vestiaire, où il pourra le reprendre en sortant.

Les doctrines de l'opposition ne sont pas autre chose que cela. Idées, langage, opinions, actes, tout en elle est aux antipodes de la raison. Rien n'y est sérieux; tout y est comédie. Or, nous le demandons, n'est-ce pas le comble du grotesque que de voir des hableurs politiques vouloir dicter des lois et régenter le pays. C'est à faire pouffer de rire.

Les hommes de l'opposition sont des bossus, et ils voudraient que tout le monde le fût comme eux. Et par conséquent, ils soutiennent que les gens à dos plats sont contrefaits. Leur idéal, c'est la gibbosité. On leur propose Apollon pour modèle, ils préfèrent Mayeux.

Telle est la valeur politique de ces faux grands hommes qui, en fait de gouvernement, croient avoir la science infuse, et qui se connaissent en grandes choses, en sages progrès, en amour du bien public, comme les aveugles se connaissent en couleurs. Ils sont gâte-politique comme d'autres sont gâte-sauces. Leurs idées sont de fort méchants mets. Au banquet du corps social, ces tristes pâtissiers servent une bouillabaisse que les gens qui se respectent ne peuvent manger sans être malades.

Nous arrêtons ici la liste de ces Rodomonts qu'au point de vue politique, le seul où nous nous plaçons, on peut appeler de rudes fines lames, de fameux génies, et dont la sottise n'a d'égale que l'outrecuidance.

Disons seulement que dans cette secte dissidente d'hérésiarques politiques qui se font les avocats du mal, du faux et du laid, et qui voudraient faire prendre leurs erreurs pour un progrès et une perfection, dans cette turbulente coalition, disons-nous, un homme d'esprit et de cœur vint un jour se fourvoyer. Mais heureusement la vérité se fit bientôt jour dans son âme, et il ne tarda pas à reconnaître son illusion.

Il comprit que la position n'était pas tenable; que patauger en pleine absurdité, c'était un pauvre et piètre métier. Il comprit que quand le Pouvoir qui, lui, règne et gouverne, régnant par sa force et gouvernant par son esprit, annonce, étudie et réalise toutes les améliorations sociales les plus sages et les plus justes, et entend les intérêts du peuple mieux que le peuple ne les entendrait lui-même, il comprit, disons-nous, que s'opposer à ces grands projets, que contrecarrer ces nobles initiatives, c'était le fait d'un mauvais citoyen, d'un mauvais français. Il comprit que confier les destinées du pays à de pareils hommes, c'était mettre les moutons sous la garde des loups, c'était chercher les catastrophes, vouloir le malheur et la ruine de la patrie. Il comprit que passer sa vie à troubler l'État et à détruire pour détruire sans songer à édifier et à pacifier, c'était un bien absurde rôle. Il comprit enfin que les progrès en tous genres pouvaient s'obtenir et s'accomplir par la douceur, la patience et la politesse, mais jamais par un langage brutal et par des amendements insolents. Le Pouvoir est pour les citoyens ce qu'un père est pour ses enfants. Or, ce qu'un père n'accordera jamais aux menaces et à l'impertinence d'un fils ingrat et dénaturé, il l'accordera presque toujours à la douceur, à la politesse, à la soumission d'un fils sensible et reconnaissant. Messieurs de l'opposition sont pères. Qu'ils nous disent si nous mentons, si nous nous trompons. Et si ce que nous avons dit est vrai, eh bien ! alors qu'ils soient donc eux-mêmes pour l'État ce qu'ils désirent que leurs enfants soient pour eux.

L'homme de cœur dont nous parlons comprenant que l'opposition est une lèpre qui ronge le corps social et dont l'extension entraînerait la mort, s'est donc séparé avec raison de ce troupeau de brebis galeuses. Gloire lui en soit rendue, car l'ordre public, la richesse et la splendeur de la patrie trouvent en lui une précieuse recrue ! Son nom, qui est celui de l'arbre de la paix, se trouve dans toutes les bouches. Les honnêtes gens ne le prononcent qu'avec bonheur et respect.

CHAPITRE III

> Deux et deux font sept.
> LOGIQUE DES OPPOSANTS.

Allons, ma plume fidèle, puise dans l'encrier du devoir l'encre de la vérité! L'heure du repos n'est pas encore venue pour toi; tu dois accomplir jusqu'au bout ta tâche ingrate. Courage, amie, la route qu'il te reste à parcourir n'est plus bien longue; ne ralentis pas ta marche; cours encore sur le papier, petit démon au bec de fer; ne crains pas d'être implacable contre des doctrines subversives qui sont contraires au bien public. C'est l'amour de la patrie qui te guide; suis toujours sa voix sacrée. Ceux qui l'aiment réellement doivent faire tout pour sa splendeur. Malheur à ceux qui veulent ternir son saint étendard! Marque ces hommes de mensonge au fer rouge du sens commun. Flagelle sans pitié cette coterie abominable qui, suant l'hypocrisie politique dont elle est saturée, fait semblant d'aimer la France et ne cherche qu'à la plonger dans les désordres et les calamités de toutes sortes!

Oui, nous l'affirmons en notre âme et conscience, les idées, les opinions, les œuvres de l'opposition sont un tissu d'absurdités. Il nous sera facile de mettre cette vérité dans tout son jour, d'en montrer l'évidence incontestable, en faisant toucher du doigt le ridicule des vœux qu'elle ose émettre sérieusement, plantureuses niaiseries à la réalisation desquelles elle se consacre tout entière. D'après les faits que nous allons citer et les considérations dans lesquelles nous allons entrer, on pourra juger du reste.

Une première absurdité de l'opposition, son éternelle rengaine, sa toquade, c'est de vouloir qu'on rétablisse la tribune ; la suppression de la tribune la met hors d'elle-même et la fait bondir de colère. A l'entendre, il faut la tribune pour que la nation soit heureuse, que la France soit grande et prospère, que tout aille bien. Sans la tribune, la patrie est en danger, le commerce et l'industrie s'arrêtent, tout languit et souffre, rien ne va plus.

Or, il ne faut pas grand génie pour voir que c'est précisément tout le contraire qui se passe sous nos yeux ; la France est infiniment plus heureuse, plus riche, plus paisible, plus commerçante depuis qu'on n'a plus la tribune qu'elle ne l'était quand on l'avait ; cela est évident.

Mais d'ailleurs là n'est pas la question ; ce n'est pas la tribune qui fait les lois, c'est l'homme qui a reçu de ses concitoyens cette grande mission. Pour atteindre ce but que doit-il faire ? Exposer ses idées et discuter. Eh bien ! qu'il parle de sa place, ce qui a l'avantage d'éviter les déplacements, le tumulte et les retards, ou qu'il parle assis devant une table ornée d'un verre d'eau sucrée, et où l'on monte par un double escalier, table qu'on appelle tribune, franchement, qu'est-ce que cela peut faire pour le discours d'un orateur ? Les idées sont-elles différentes suivant la place d'où elles sont émises ? est-ce qu'un citoyen qui lit dans le *Moniteur* les divagations politiques et les élucubrations inouïes de l'opposition se préoccupe de savoir si l'orateur les a débitées étant à sa place ou étant à la tribune ?

Faire du rétablissement de la tribune une question

capitale, n'est-ce pas s'attacher à de misérables vétilles, à de vaines futilités ? Cela nous rappelle cette fameuse querelle dont parle l'auteur de Gulliver, et qui faillit ensanglanter tout le pays de Lilliput. Il s'agissait de savoir s'il valait mieux ouvrir les œufs par le gros bout que par le petit bout. La difficulté était extrême, la question était grave, le problème était délicat ; chaque bout d'œuf avait ses partisans : il y avait les grosboutiers et les petitboutiers ; si bien que ces ennemis acharnés, croyant avoir raison chacun de son côté, se seraient fait écharper plutôt que de se rendre.

La question du rétablissement de la tribune, à laquelle l'opposition s'attache avec une insistance pitoyable, est exactement du même calibre ; cela ne mérite pas discussion ; discuter de pareilles inepties, c'est donner un pendant à la querelle des bouts d'œuf de Gulliver ; il ne manque plus que de faire deux camps, les tribunistes et les antitribunistes, et de consacrer à ces aimables, utiles et intéressantes chicanes le temps qu'on doit aux affaires du pays.

Il est bien évident que ce qu'on dirait à la tribune, on peut le dire (et on le dit) aussi bien de sa place. Seulement, c'est un petit moyen dont se sert la mauvaise foi de l'opposition pour crier à la tyrannie, attaquer le pouvoir, exciter les passions mauvaises, et réclamer une liberté oratoire qu'on a amplement, ainsi que le prouvent les comptes-rendus des séances législatives.

Mais, dit l'opposition, il en est parmi nous qui ont la voix faible et qu'on n'entend pas. Le beau malheur que quelques-unes des sottises qu'elle débite ne soient pas entendues ! Mais d'ailleurs le sténographe les entend, puisqu'il les reproduit, c'est là l'essentiel ; et comme l'opposition a surtout la prétention de parler pour le public, son but est atteint.

Quant à ceux qui se plaignent et réclament parce qu'ils ont la voix faible, ils ne peuvent s'en prendre qu'à eux-mêmes. Ont-ils donc tant besoin de vouloir être représentants? que ne laissent-ils la place à d'autres mieux doués qu'eux? Sans doute tout député n'est pas tenu d'être orateur, mais tout orateur est tenu d'avoir une voix forte, mâle, facile à entendre; c'est là une condition indispensable et que recommandait Quintilien; ne pas posséder cette qualité nécessaire, c'est être un orateur incomplet et que jamais on n'écoutera; dans ce cas-là, il vaut mieux se taire; c'est comme un artiste qui, bon musicien, mais n'ayant pas de voix, voudrait débuter à l'Opéra. Il faut avoir la conscience de son infirmité ou mieux de son insuffisance organique. Un homme qui n'a pas de voix et qui veut être orateur ressemble à un cul-de-jatte qui voudrait monter à cheval.

Passons à une seconde absurdité dont l'opposition réclame à grands cris le retour, comme une chose aussi utile que sage, bien que réellement elle soit aussi inutile que sotte. Nous voulons parler de la responsabilité ministérielle. C'est encore une des marottes de l'opposition; et ce n'est pas trop que d'attaquer la Constitution, de réprimander le gouvernement, et de troubler le pays par d'insolentes clameurs, pour obtenir le rétablissement de cette colossale bouffonnerie.

Nous l'avons vue à l'œuvre pendant dix-huit ans la responsabilité ministérielle, et c'est parce que nous l'avons vue que nous ne voulons plus la voir. Ah! Dieu de Dieu! que c'était donc beau, que c'était donc bien, que c'était donc édifiant! Chose inouïe et que les races futures ne voudront pas croire, on vit pendant dix-huit ans un ministre rentrant aux affaires frapper à coups de portefeuille sur le ministre sortant; puis le ministre sortant faire à son tour un croc-en-jambe au ministre rentrant et reprendre sa place, et ainsi de suite indéfiniment.

Les gouvernants d'alors donnèrent donc au public le grotesque spectacle des représentations du théâtre Guignol, où l'on voit Polichinelle et le commissaire se donner réciproquement des coups de bâton sur la tête. Comment un gouvernement qui tolérait de pareilles niaiseries aurait-il pu se perpétuer ? ne méritait-il pas dix fois pour une de tomber sous une grêle de caricatures et de sifflets ? Il faut lire toute cette triste et pitoyable phase de notre histoire dans les *Guêpes* d'Alp. Karr. Le tableau en est peint de main de maître. En lisant ces pages, aussi loyales que spirituelles, on est saisi d'indignation de voir qu'alors le gouvernement était confié à des hommes à la fois orgueilleux et capons, pour qui l'ambition était tout et les destinées de la France n'étaient rien.

Des questions de cabinet, des luttes de portefeuille, des discussions oiseuses, des torrents de paroles inutiles mises au service de misérables chicanes personnelles, des querelles fastidieuses, de ridicules coteries, voilà pourtant à quoi fut vouée la première nation du monde avec la responsabilité ministérielle. Mais il est vrai qu'à côté de cela on ne faisait ni chemins de fer, ni canaux, ni églises, ni écoles, ni drainage, ni libre échange. En un mot, on ne réalisait aucun de ces grands et immortels travaux d'intérêt général qui sont le devoir de tout gouvernement intelligent. Tout cela était mis de côté comme très-secondaire. On aimait bien mieux perdre son temps à se chamailler pour savoir qui serait ministre.

Et c'est cette détestable balançoire politique où l'un monte quand l'autre descend, puis descend quand l'autre monte, que l'opposition prône encore aujourd'hui comme une merveille. Du reste cela n'a rien d'étonnant, puisqu'elle a le dépôt de toutes les sottises et qu'elle est entrepositaire de toutes les aberrations.

Ceux qui mettent les luttes oratoires d'homme à homme au-dessus des intérêts sacrés de la France peuvent lui donner leur approbation. Pour nous, qui trouvons avec tous les gens sensés et de bonne foi que les vrais intérêts du pays n'ont jamais été mieux compris, mieux dirigés, mieux accomplis que depuis la suppression de la responsabilité ministérielle, nous ne croyons pas qu'il soit utile de la rétablir, alors qu'elle a donné pendant dix-huit ans la mesure de sa nullité et de son impuissance.

Une troisième absurdité que réclame l'opposition, et sur laquelle elle joue tous les ans à grand orchestre des variations assommantes, bien différentes de celles que jouait Paganini sur le *Carnaval de Venise*, c'est la liberté de la presse. Ce sont là de grands mots bien faits pour éblouir, et avec lesquels on attrape les badauds comme les alouettes qu'on chasse au miroir. La liberté de la presse, on l'a autant qu'on peut l'avoir, et elle est impérissable ; elle existe depuis Guttemberg ; sa naissance date de celle de l'imprimerie ; tant que l'imprimerie existera, la liberté de la presse existera aussi ; et pour étouffer celle-ci, il faudrait d'abord anéantir celle-là, deux choses impossibles, car ni l'une ni l'autre ne peut périr.

Il existait autrefois un philosophe qui niait le mouvement, et qui se croyait un grand sage. Un autre philosophe, moins sage que lui, apparemment, se contenta de se promener devant lui de long en large pour le réfuter. C'était la seule réponse à faire. De même, à ceux qui nient la liberté de la presse, il suffit de montrer cette avalanche de livres, de brochures, de journaux, d'écrits de toutes sortes et de toutes formes qui roule incessamment des hauteurs de l'esprit humain, toute cette végétation littéraire que chaque jour voit éclore. Demander la liberté de la presse, quand on n'a qu'à ouvrir les yeux pour la voir répandue sur la terre à profusion, c'est se plaindre de la sécheresse quand la pluie tombe à torrents.

Tous les ouvrages des auteurs modernes, ceux de Dumas et de Gauthier, ceux d'About, de Taine, de Renan, d'Émile Augier, de Michelet, de Georges Sand, les comptes-rendus des séances des Chambres, la polémique des journaux, les articles des revues, tout ce qui s'imprime journellement dans toute la France n'est-il pas la preuve évidente et palpable de la liberté de la presse? Que veut donc de plus l'opposition qui nie et réclame cette liberté? Est-ce le droit de publier des livres licencieux, des romans obcènes, des libelles incendiaires, des pamphlets séditieux? On ne peut admettre raisonnablement que d'honnêtes gens puissent avoir des goûts si dépravés. En interdisant de semblables écrits, l'interdiction ne s'adresse qu'aux forçats de la plume qui sont la lie et la honte de la littérature. Mais les hommes de bien, de cœur et d'esprit n'ont pas à se préoccuper de cette défense sous les coups de laquelle ils ne doivent jamais tomber.

Néanmoins, la mauvaise foi, se faisant l'écho de la passion, on dit : la presse est bâillonnée! C'est une erreur. Ne peut-on pas toujours se procurer de l'encre, du papier, des plumes, rédiger ses pensées, ses opinions et toutes les productions littéraires de son intelligence? Ne peut-on pas les faire imprimer et les mettre en vente? Oui, tout cela se peut, puisque tout cela se fait. Seulement, au moment où l'œuvre d'un auteur passe du cerveau où elle a été conçue dans le domaine public, en s'incarnant par l'impression, la vigilance de l'autorité doit s'émouvoir. Les gardiens de l'ordre et de la sûreté publique doivent veiller à ce que rien n'y porte le trouble et le danger. C'est là le criterium, c'est là la mesure de la valeur des écrits. Tout ce qui peut troubler et pervertir les esprits doit être proscrit par la loi. Pour ne pas confondre le loup avec la chevrette, elle doit dire : montrez-moi patte blanche, et je vous ouvrirai.

Ce qu'on condamne dans un ouvrage réputé mauvais et dangereux, ce ne sont pas les mots pris en eux-mêmes, c'est l'intention qui se cache sous ces mots. Si, par exemple, on sert au public un pamphlet farci de sottises dans ce goût-ci : Mort aux riches qui boivent la sueur du peuple ! les mots mort, riches, boivent, sueur, peuple, ne sont pas plus mauvais que tous les autres mots du dictionnaire. Ils sont ce qu'ils sont grammaticalement, et pourraient très-bien figurer dans la phrase la plus chrétienne et la plus noble possible ; mais l'agencement de ces mots en une certaine phrase est mauvais, et l'intention qu'exprime cette phrase est dangereuse. Un écrit qui se présente dans de pareilles conditions est un mets empoisonné qu'on sert au public, et que l'autorité, dans sa sollicitude paternelle, doit rejeter impitoyablement.

Il en est des délits de presse comme des autres délits. Souvent ils ne sont ni plus ni moins que des coups et blessures. De même qu'on peut casser le bras d'un citoyen d'un coup de bâton, on peut casser l'honneur et la réputation d'un coup de calomnie. Ce sont des délits analogues et qui demandent la même répression.

Nous sommes tous maîtres de nos actes, de notre intelligence et de nos écrits. L'honnêteté de la presse ne peut pas plus se décréter que la vertu, et les lois ne peuvent pas plus faire la saine littérature qu'elles ne peuvent faire l'intelligence et la moralité. Pour ces choses-là, chacun ne relève que de soi-même. Seulement chacun est responsable des conséquences de ses actes. Un acte est blâmable s'il a des conséquences nécessairement funestes. Qu'un auteur, par des écrits malsains et pernicieux fasse tout le mal possible à la société sur laquelle il déverse son fiel, qu'il y cause des perturbations sans nombre, la loi du bon sens et de la prévoyance fait un devoir à tout gouvernement sage et fort de rendre impossibles ces tentatives coupables. Les dépositaires du pouvoir, chargés de veiller sur les intérêts sacrés du pays, doivent, sinon empêcher le mal, du moins le punir quand il est accompli.

L'erreur de l'opposition et de ses partisans vient de ce qu'elle confond la liberté avec la licence. C'est un abus de langage. La licence n'est pas le moins du monde la liberté, pour laquelle elle voudrait se donner. Elle n'en a que les apparences, que le masque, que le travestissement. Elles sont, l'une par rapport à l'autre, comme deux champignons qui paraissent tout à fait semblables à la vue, mais dont l'un est un comestible savoureux et parfumé, tandis que l'autre est un végétal vénéneux qui causera la mort.

La liberté de la presse, bien comprise, n'est pas mauvaise. Elle existe comme elle doit exister, cherchant loyalement la vérité, les progrès sociaux et le bonheur de la patrie. Tous les écrits quotidiens qu'elle enfante en sont la preuve; mais la licence de la presse est un fléau, une vipère vénéneuse qu'il faut combattre à outrance, sans lui faire de concession, sans lui accorder ni trêve ni merci.

La licence de la presse est mère de tous les maux. Arme d'autant plus terrible qu'elle pénètre jusque dans les plus bas-fonds de la société, elle propage les plus détestables principes qu'elle inocule comme un virus morbide. A combien de gouvernements n'a-t-elle pas porté le coup mortel? Les maux qu'elle a causés, le sang qu'elle a fait répandre, les malheurs épouvantables dont la France fut abreuvée par elle, sont encore présents à tous les esprits.

La licence de la presse est, comme autrefois chez les Turcs, celle des jannissaires. Cela n'est pas tolérable, et il faut l'exterminer comme le sultan Mamouth extermina ses gardes séditieux et indisciplinés. Si on ne la muselait pas avec une force invincible, les États qui lui laisseraient prendre impunément ses ébats seraient bientôt perdus sans retour. Semblables à ces beaux arbres qui dressent majestueusement leur tête altière vers le ciel et dont un ver rongeur a piqué la racine, on les verrait bientôt s'étioler et mourir. Non, la licence de la presse ne peut rien produire de bon. Que pourrait-il en effet sortir d'utile et de profitable d'une source d'injures et de calomnies? Quelle confiance avoir dans la violence et la mauvaise foi? Quelle sécurité attendre de guides imprudents et aveuglés par la passion?

Quel est l'homme de cœur qui n'a pas éprouvé le dégoût le plus profond et l'indignation la plus vive, en voyant l'an dernier un journal vomir impunément dans ses colonnes les élucubrations les plus révoltantes? Se dire ami des progrès, se dire dévoué corps et âme à son pays, et se faire le distillateur de tous les mensonges, et remplir ses réservoirs politiques des plus noires calomnies et des plus incroyables faussetés, pour les déverser chaque jour sur le public!

Mais aussi de quelle joie tous les nobles cœurs ont tressailli d'un bout à l'autre de la nation, lorsque l'honorable et éloquent commissaire du gouvernement, daignant s'abaisser pour prendre corps à corps ce scandaleux journal, le réduisit en poussière aux applaudissements unanimes de toute la France. Jamais la calomnie et la mauvaise foi ne furent mises plus clairement en évidence. Jamais les canons rayés de la polémique ne tonnèrent d'une façon plus formidable contre la citadelle de l'erreur. Comme un cadavre qu'on jette à la mer avec un boulet aux pieds, on vit alors, jour à jamais mémorable, ce journal insensé terrassé, flagellé, mis en pièces par les griffes impitoyables de la vérité et du sens commun, et disparaître pour jamais dans une mer de honte où l'entraînait le boulet de l'absurdité.

Mais, dira-t-on, est-il donc si facile de déterminer la limite entre la liberté et la licence? Cela sans doute ne se définit pas comme un théorème de géométrie; mais cela se reconnaît avec ce sentiment intime appelé conscience. Tous tant que nous sommes, sur la route de la vie, route souvent ténébreuse et semée des ronces de l'erreur, nous avons pour nous guider le flambeau de la raison. Cette raison, dans ce qu'elle a de général et d'impersonnel, nous fournit les notions du juste et de l'injuste, nous fait discerner ce qui est bien et ce qui est mal. L'écrivain qui se laisse aller à des licences de plume dommageables sait bien qu'il commet une méchante action. Car faire le mal sans le savoir, ce n'est pas admissible. Il faudrait pour cela que les gens fussent fous, malades ou simples d'esprit; et alors on devrait leur pardonner comme ne sachant pas ce qu'ils font. Mais en matière de presse, où la réflexion a tout conduit, cette objection n'en est pas une. C'est répondre par une fin de non-recevoir.

L'opposition trouve que les lois de février 1852, sur la presse, sont trop sévères et qu'il faut les supprimer. Mais aucun homme aimant l'ordre, la paix, le travail, les sages progrès, la grandeur du pays, ne partage cette opinion erronée. Qu'importent aux honnêtes gens des lois plus ou moins sévères, puisqu'elles ne peuvent jamais les atteindre, n'étant pas faites pour eux, ni eux pour elles? Ceux qui se plaignent de leur sévérité sont ceux qui veulent les enfreindre, et qui par là s'exposent à en sentir les rigueurs. Nous comprenons que les délinquants, les coupables et les criminels maudissent les lois pénales qui sont pour eux un châtiment et un frein. Mais, fussent-elles cent fois plus vigoureuses encore, qu'est-ce que des lois qui punissent le mal peuvent faire à des gens qui n'aiment que le bien? Les lois répressives ne sont faites que pour les malfaiteurs quels qu'ils soient. Or, on peut l'être par ses écrits comme par ses actes; et la perversité des uns et des autres doit être punie.

Sous le faux prétexte de lui dire franchement la vérité, on veut pouvoir injurier impunément l'autorité, dont l'existence ne doit jamais être discutée. Or, remarquons bien ceci, c'est que pour un gros mot dit à un garde-champêtre ou à un huissier, qui quelquefois sont dans leur tort, on peut être condamné à huit jours de prison. Autrefois un soldat qui donnait un soufflet à un caporal était fusillé. Et notez que les offenses dont nous parlons n'ont pour ainsi dire ni retentissement, ni témoins. Circonscrites dans d'étroites limites, elles n'ont de durée que le moment très-court où elles sont accomplies. Mais le gouvernement et les hommes éminents qui l'éclairent de leurs lumières, qui le dirigent par leur sagesse et leur expérience, qui lui donnent sa force et sa splendeur, on voudrait pouvoir les attaquer impunément ; et cela dans des écrits qui se répandent dans tous les points de la France, et qui peuvent, en durant indéfiniment, avoir une action constamment mauvaise. Exciter le mépris contre notre politique et la haine contre nos institutions, on trouve cela charmant, très-naturel et pas du tout blâmable.

Les lois sur la presse sont rigides, oui. Mais c'est aux écrivains qui se respectent à faire qu'elles soient une arme inutile dans les mains du pouvoir. On dit : les tribunaux sont là ! Mais n'est-il pas des cas d'agression soudaine où l'on peut, où l'on doit se faire justice soi-même. Qu'un membre de l'opposition soit arrêté la soir au coin d'un bois par un vaurien qui lui demande la bourse ou la vie. S'il est armé et peut se défendre à l'instant même, que fera-t-il? Lui dira-t-il : mon cher monsieur, vous voulez attenter à ma fortune ou à ma vie, comme je ne puis pas me faire justice moi-même, je vous prie de me suivre chez M. le procureur, qui vous fera mettre en jugement. Non, assurément, la personne attaquée ne tiendra pas ce langage à son agresseur, car, dans ce cas particulier, elle perdrait son temps et ses peines, et ne tarderait pas à tomber sous les coups de l'assaillant. Mais si elle est armée, au nom du droit de légitime défense que tout homme possède, elle pourra frapper et tuer le malfaiteur qui l'attaque, sans plus de scrupule que si c'était une vipère.

Le gouvernement se trouve exactement dans le même cas, par rapport aux injures et aux outrages de tout polémiste haineux et déloyal. Les lois sur la presse ne sont pas autre chose, pour lui, que l'arme qui lui sert dans le cas de légitime défense. On l'attaque à l'improviste, il doit se défendre à l'instant même. La soudaineté de la riposte doit suivre celle de l'agression ; la soudaineté du châtiment doit suivre celle de l'offense.

Un homme éminent a dit avec raison : La loi sur la presse est la soupape de sûreté de l'État; c'est elle qui rend toute explosion impossible. Oui, les lois sur la presse sont excellentes. Elles sont la sauvegarde de l'ordre public. C'est à elle que la France doit la paix intérieure et la prospérité inouïe dont elle jouit depuis treize ans. En vain de faux politiques voudraient, dans un langage mielleux, amadouer l'autorité pour en obtenir le retrait de ces lois, se fondant précisément sur cette tranquillité et ce calme qu'elles procurent. Céder à ces obsessions intéressées serait une faute féconde en catastrophes. Car il en est de la licence de la presse comme de la chienne de La Fontaine :

> Laissez-lui prendre un pied chez vous,
> Elle en aura bientôt pris quatre.

Encore une fois, on ne peut remplacer des lois qui nous donnent la paix publique et la prospérité qui en est la conséquence, par d'autres qui n'ont jamais donné que le désordre, le trouble et l'anarchie. Les unes et les autres ont fait leurs preuves. Les leçons de l'expérience doivent être écoutées et suivies, car sans cela il faudrait nier l'histoire.

En jouant avec le feu, on se brûle. Qu'on s'adonne au culte du bien et du vrai, que la paix et le bonheur de la patrie soient la pensée de tous nos instants, qu'on ne fasse jamais que de la saine et honnête polémique, et l'on n'aura jamais rien à craindre, rien à déplorer. Mais si par une erreur, sciemment commise, on quitte le terrain de la liberté de la presse, pour entrer sur celui de la licence, alors, au nom de la société menacée, la loi se dresse le glaive en main, s'interpose et repousse ces manœuvres insensées et perfides. La licence de la presse est comme une plante épineuse dont les lois sont les aiguillons redoutables. Et l'on peut dire avec le proverbe : Qui s'y frotte, s'y pique.

Une quatrième absurdité que réclame impérieusement l'opposition, et qui, celle-là, dans le champ des sottises humaines atteint la dernière limite du connu, c'est le droit de réunions politiques. Or, ce prétendu droit n'est pas autre chose que le rétablissement des clubs. Les deux mots sont synonymes. Mais, comme le mot club effaroucherait tous les gens sages et paisibles, on se sert d'une expression, différente en apparence, entièrement équivalente en réalité ; et en disant droit de réunion, on n'a pas l'air d'y toucher.

Est-il possible que des gens intelligents, qui se donnent pour des hommes sérieux, qui ont toujours à la bouche les mots de peuple, de patrie, d'humanité, puissent offrir le spectacle d'une si étrange aberration ? A quoi pourraient donc servir de pareilles réunions ? Ce serait au moins une superfétation, car pour la promulgation des lois nous avons les Chambres, pour le mécanisme de l'administration, nous avons les Municipalités et les Conseils. Ne sont-ce pas là des réunions politiques excellentes, revêtues de l'autorité nécessaire à leur exercice, et les seules admissibles ? Qu'est-ce que d'autres réunions sans discipline, sans autorité, sans mandat, pourraient faire d'utile et de grand ? Le peuple serait donc bien plus heureux et bien mieux moralisé, lorsque, dans le tumulte et l'effervescence d'un club, des fauteurs de révolutions viendraient lui corner aux oreilles que la religion est de l'obscurantisme et l'autorité de la tyrannie ? Ces notions sont si utiles au bonheur des hommes, qu'il faut se hâter de demander le droit de réunion qui permettra de les inculquer dans les esprits.

Il y a vraiment des gens qui sont incorrigibles, puisqu'ils ont oublié les scandales des clubs de 48. Demander de revenir à ces turpitudes où le grotesque s'alliait à la sottise, c'est la conception la plus fausse et la plus antisociale qu'il soit possible d'articuler. Contentons-nous de déplorer ces misérables et tapageuses réunions qui ont si longtemps deshonoré la France dans ces temps néfastes, et gardons-nous à jamais de remettre le hideux tableau des clubs sous les yeux des générations à venir. On ne peut pas sérieusement ériger le brouhaha et le charivari en institution politique. Ce qui sortirait de pareilles pétaudières serait forcément détestable. Aussi quand nous entendons l'opposition demander le droit de réunions, il nous semble entendre de faux-monnoyeurs demander le droit de battre de la fausse monnaie.

Une cinquième absurdité qu'on doit faire figurer dans l'inventaire politique de l'opposition, c'est de vouloir que Paris nomme lui-même ses conseillers au scrutin, et que leur nomination ne soit plus laissée au choix du souverain. Or, cela ne s'est fait sous aucun gouvernement. Tous ont compris qu'il fallait faire une exception pour une ville exceptionnelle.

Paris n'est ni Pithiviers, ni Carpentras, ni Brives-la-Gaillarde. Voici, par exemple, un fait, entre beaucoup d'autres, qui prouve combien la capitale diffère des villes de province. Dans celles-ci on peut se faire bâtir une maison à son goût et adopter tel style d'architecture que bon vous semble. A Paris au contraire il arrive très-souvent que, suivant la place qu'y occupe l'immeuble, l'autorité vous impose telle hauteur, telle façade, telle architecture.

C'est grâce à une administration constituée comme elle l'est aujourd'hui, que Paris s'est transformé si merveilleusement et qu'il est devenu la capitale du monde entier. C'est grâce à son activité et à ses lumières que l'on voit les rues se percer, les monuments s'élever, les squares sortir de terre.

L'opposition croit que l'élection la porterait au Conseil général. Si cela arrivait, ferait-elle mieux que ce qui se fait? Non, assurément. Elle s'opposerait à tout, puisqu'elle est l'opposition, et que c'est là son unique et triste rôle. Avec elle, en effet, Paris serait encore aujourd'hui comme il était il y a trente ans. On n'aurait fait ni rues, ni boulevards, ni les égouts, ni la voûte du canal Saint-Martin, ni Sainte-Clotilde, ni l'Opéra, ni l'Hôtel-Dieu, ni mille choses qui sont la gloire de l'administration et l'orgueil du pays.

La ville de Paris est parfaitement administrée, et l'on peut dire, sans flatterie, qu'elle fait, par sa splendeur, l'admiration de tous les peuples qui s'y donnent rendez-vous. Si habile que soit l'opposition, elle ne sera jamais capable d'en faire autant. On verra plutôt les cerfs voler dans l'air, comme dit Virgile, avant de lui voir faire quelque chose de raisonnable, *antè leves ergo pascentur in æthere cervi*. Du reste, on l'a vue à l'œuvre, quand elle tenait les rênes du gouvernement. Les embellissements de Paris étaient, sous sa direction, des tas de pavés dans les rues, des voitures renversées et des ruisseaux rouges de sang. Avis aux amateurs.

Une sixième absurdité de l'opposition, c'est l'instruction obligatoire. Sans doute l'instruction est un trésor précieux, et tout Français devrait en recevoir plus ou moins. Seulement, c'est beau en théorie. Mais en pratique c'est bien différent. Voyez-vous d'ici des gens qui ont sans cesse à la bouche le mot liberté, et qui vont violer le domicile du pauvre ouvrier, l'appréhender au collet ou lui intenter un procès, parce que ce père, indigent et chargé de famille, plutôt que d'envoyer ses enfants à l'école, préfère les voir travailler et gagner un modeste salaire qui vient en aide à son ménage? Le pain de l'esprit et le pain du corps sont précieux. Mais pour l'ouvrier, l'un est plus utile que l'autre, c'est celui dont on ne peut se passer sans mourir.

Une septième absurdité de l'opposition, et celle-là est pyramidale et révolte tous les honnêtes gens, c'est que le Gouvernement n'ait pas de candidats à son nom, alors que, elle, l'opposition, pourrait en avoir au sien. Ainsi, dans la lutte des représentants de la vérité contre les représentants de l'erreur, ceux-ci voudraient avoir plus d'avantages que ceux-là. Vit-on jamais l'injustice et l'impartialité s'étaler avec plus d'évidence? Mais l'opposition ne comprend et n'admet pas cela. Et comme la passion lui a mis sur les yeux le bandeau de la sottise, elle trouve sa manière de voir très-naturelle. L'égoïsme fait qu'elle rapporte tout à elle et qu'elle s'admire avec complaisance, comme ces vieilles coquettes fardées, ridées, édentées, et ornées de verrues poilues, qui se trouvent charmantes, jeunes et jolies. Elle se trouve belle, elle se trouve sage, elle se trouve habile, tandis qu'elle est tout le contraire de cela. C'est comme un infirme qui aurait un faux nez, un faux toupet, de fausses dents, un œil de verre et une jambe de bois, qui plaindrait tous ceux qui ne lui ressemblent pas et ne sont pas infirmes comme lui, et qui voudrait astreindre le genre humain à se modeler sur son torse contrefait.

Elle ne voit donc pas que se nommer opposition, c'est une vraie balourdise qui serait désopilante si elle n'était pitoyable; que c'est se donner, de gaieté de cœur, un titre injurieux, un brevet d'absurdité; que c'est enfin se mettre au front un cachet d'insanité d'esprit. En effet, c'est affirmer, défendre et propager les idées les plus anarchiques; et, par conséquent, conseiller une sorte d'assassinat moral contre la patrie en la frappant dans sa paix, dans sa force, dans sa gloire, dans son industrie et sa richesse.

Aussi les députés qui comprennent les vrais intérêts du pays n'ont garde de lui ressembler, et c'est en prenant le contre-pied de ses idées qu'ils réalisent le bien public. Il faut donc, quand elle s'affirme dans un sens, que ceux qui lui sont hostiles s'affirment dans un autre sens. La dénomination de candidat du gouvernement est corrélative de celle de candidat de l'opposition. L'une est la conséquence forcée de l'autre. Il faut ou les maintenir ou les supprimer toutes deux. N'en autoriser qu'une seule ne serait pas de l'équité. Il ne faut pas qu'on puisse confondre ces deux ordres de représentants.

La politique de l'opposition, immobile comme un banc d'huîtres, n'est de même qu'un mets fade qui creuse l'estomac sans satisfaire l'appétit. Ce n'est pas du tout ainsi qu'on doit comprendre son rôle de représentant du peuple. Mais du moins la désignation de l'espèce des candidats a cela d'utile qu'elle permet de séparer le bon grain de l'ivraie. C'est à l'électeur ensuite à faire son choix et à voter soit pour des travailleurs prudents, réfléchis, dévoués, honnêtes et sages, soit pour des phraseurs fastidieux et insipides, comme les a si bien peints Molière :

> Gens qui de leur savoir paraissent toujours ivres,
> Riches pour tout mérite en babil importun,
> Inhabiles à tout, vides de sens commun,
> Et pleins d'un ridicule et d'une impertinence
> A décrier partout l'esprit et la science.

Ainsi l'opposition demande que les représentants qui marchent sous la bannière de la sottise et de l'absurdité politiques soient placés à la tête de l'État et gouvernent la France, et que ceux qui marchent sous la bannière de la sagesse et du sens commun soient évincés. Place donc à la Folie, et que la Raison se taise, s'incline et se range sur son passage, comme un humble serviteur devant son seigneur et maître. Voilà ce que voudrait l'opposition dans les élections, où, fort heureusement, grâce au bon sens du peuple, elle a constamment le dessous.

Une huitième absurdité de l'opposition, c'est de donner sans cesse l'Angleterre comme un modèle à imiter. Et pourtant il suffit de réfléchir cinq minutes pour voir quelle distance énorme sépare les deux pays et combien la France est en tout supérieure à l'Angleterre, à qui elle n'a rien à envier, et qu'elle laisse bien loin derrière elle. Allez à Londres le dimanche, tout est fermé, les boulangeries, les boucheries, les cafés, les restaurants, la poste, toutes les boutiques, tous les magasins. Les affaires sont suspendues. C'est le jour du spleen. Il étend son manteau noir sur les cités et règne en maître sur toute la nation. En Angleterre, on n'a ni le suffrage universel, ni l'égalité devant la loi. Dans l'armée, les grades ne sont pas donnés aux plus méritants, mais ils sont vendus aux plus opulents. On voit encore fleurir dans ce charmant pays trois abus déplorables, depuis longtemps supprimés chez nous : le droit d'aînesse, les majorats et le divorce. Jamais on n'a pu établir l'ordre des sœurs de Saint-Vincent de Paul. Mais, en revanche, sous l'ombrage de l'égoïsme qui trouve là son terrain de prédilection, on voit pulluler deux classes de créatures très-intéressantes, les filous et les prostituées. De ces dernières, on en compte, à Londres, près de quatre-vingt mille, et le nombre des filous n'est pas moindre.

Voilà pourtant le pays, si radicalement différent du nôtre, et comme climat, et comme mœurs, et comme habitants, que l'opposition nous propose comme modèle. Et cela, pourquoi? Pour deux raisons. D'abord, parce que en Angleterre on peut faire imprimer et vendre impunément tout ce qu'on veut, tout ce qui vous passe par la tête. Ensuite, parce que la terre d'Albion est le refuge de tous les rebuts des nations, de ces vagabonds politiques qui sont l'opprobre de leurs concitoyens et dont rougit la ville qui les a vus naître, de ces gens tarés, ennemis de tout bien, fauteurs de tous maux, qui n'osent plus rentrer dans leurs foyers où ils ne trouveraient que la haine et le mépris. L'opposition aime bien ces êtres-là, et elle aime aussi l'Angleterre qui leur donne l'hospitalité, et qui est le grand égout collecteur de toute la fange politique de l'Europe. Elle s'apitoie sur le sort de ces tristes personnages. Ce sont des martyrs de la liberté, dit-elle. Oui, martyrs de la liberté qu'ils voulaient nous faire entrer dans la tête avec des balles de fusil pour arguments.

Une neuvième absurdité de l'opposition, pour laquelle elle entre en lice armée de toutes pièces et portant sur son front le courage du désespoir, comme ces vaillants chevaliers qui volaient aux tournois en l'honneur de leur dame, c'est le combat qu'elle livre au budget. Pour sortir victorieuse de cette lutte formidable, elle ne néglige rien, elle met en œuvre toutes ses ressources, elle fait feu de tout bois. Elle appelle à la rescousse le ban et l'arrière-ban de sa milice. La réserve elle-même vient seconder le corps d'armée et prendre part à l'action. De sorte que, dans cette grande bataille politique, le budget est le point capital, la clef de la place comme on dit, où l'opposition concentre son artillerie et tire à coups de canons rayés.

De toutes les questions sociales, il n'en est pas de plus inflammable, de plus brûlante et de plus dangereuse que celle du budget. Et si quelque chose peut mettre le feu aux poudres et causer des explosions, c'est celle-là! Un État ne peut vivre sans argent, et l'argent ne peut lui venir que par les impôts. C'est là une vérité incontestable. Mais si on s'évertue à aigrir l'esprit des citoyens en leur présentant comme un abus odieux, ce qui est une indispensable nécessité, il est évident que ceux-ci, finissant par ajouter foi aux paroles qu'ils entendent, nourriront peu à peu contre l'État un mécontentement secret, une hostilité sourde, une rancune latente.

L'homme est sensible aux questions d'argent, parce que l'argent est le nerf de tout; c'est la clef qui ouvre toutes les portes; c'est le talisman qui opère tous les prodiges. Lui faire croire qu'on lui prend sans motifs plausibles une partie de son pécule, c'est donc l'engager à protester et le pousser sournoisement à la révolte. Ce n'est pas tout encore. Une fois l'impulsion hostile donnée, elle ne s'arrête pas en si beau chemin. La politique est comme une chaîne dont tous les anneaux se tiennent. A peine est-elle entrée dans une première question, que l'animosité peu à peu pénètre dans toutes les autres. Cela devient insensiblement un parti pris, et le blâme que l'on donne au budget on le donne bientôt à tous les actes du pouvoir.

C'est là la tactique habile qu'emploie l'opposition pour recruter des adhérents qui vont chanter sa gloire et exalter ses mérites. Mais tirer un feu d'artifice de chiffres plus ou moins exacts et qui heureusement s'éteint très-vite pour faire place à la vraie lumière, dire aux citoyens qu'ils ont trop d'impôts, que le budget est monstrueux, et que nous allons à la banqueroute, tout cela n'est pas sérieux. C'est une offrande à la popularité et la conséquence forcée d'un rôle faux dans lequel on s'est empêtré comme dans un bourbier. Car, franchement, vouloir doter le pays de la paix, de la confiance, de l'ordre et du travail, et croire qu'on peut atteindre ce but en excitant la haine contre les finances de l'État, c'est inimaginable. Dans ce cas, en effet, le langage de l'opposition est pour le peuple ce que les banderoles rouges du picador sont pour le taureau ; loin de l'apaiser, cela l'irrite.

Et d'abord, il faut bien se rappeler une chose, c'est qu'on ne paye d'impôt qu'en proportion des biens que l'on possède. A l'impôt on connaît l'opulence. Les gens les plus imposés sont tout bonnement les plus riches. C'est même là ce qui a fait naître ce proverbe : Plus de poires, plus de pépins. Il n'y a donc pas tant à se plaindre d'un fait qui porte avec lui son enseignement. Les indigents sont exempts de l'impôt ; en sont-ils plus heureux ? Croit-on qu'ils n'aimeraient pas tous mieux en avoir à payer ? Oui, sans doute, car alors ils auraient pour ce prix-là les douceurs de l'aisance, au lieu d'avoir gratis les souffrances et les soucis de la misère.

L'opposition trouve les impôts trop lourds pour les contribuables. Mais alors toute la nation doit être en proie à la tristesse la plus profonde, et l'on ne doit voir partout que des visages en larmes et en deuil. Les femmes doivent se couvrir la tête de cendres et se vêtir d'un sac de toile en signe de détresse.

Or, tout le monde sait qu'il est loin d'en être ainsi, et que si jamais on vit donner dans un excès contraire, c'est de nos jours. Les impôts augmentent, dit-on, et pourtant jamais le luxe ne fut plus effréné qu'aujourd'hui. Si l'on distingue encore les sexes, on ne distingue plus les rangs. Depuis la bottine jusqu'au chapeau, dans toutes les classes aujourd'hui, la toilette a atteint un paroxysme inconnu jusqu'alors. La coquetterie la plus outrée et la plus extravagante pénètre partout. Les enfants sont mis avec une recherche extrême. Les maisons elles-

mêmes présentent dans leur ameublement une somp-
tuosité insolite. Or, quand on a de l'argent pour acheter
des nattes de faux cheveux, des peignes d'écaille, des
robes de moire, des cols de dentelles, on peut bien s'en
retrancher un tout petit peu pour permettre à l'État de
faire des hospices, des écoles, des chemins de fer, et
autres choses d'une utilité plus certaine.

Les politiques à courte vue qui nous menacent de la
banqueroute ressemblent au bouc de La Fontaine qui
ne voyait pas plus loin que son nez. Il est certain qu'un
jour viendra où tous les chemins de fer de France ap-
partiendront à l'État. Les bénéfices qu'ils produisent,
au lieu de former des milliers de canaux divergents, se
répandant çà et là sur toute la nation, se changeront alors
en milliers de canaux convergents, se dirigeant vers un
seul point, le Trésor public. Ainsi l'État aura à lui tout
seul les intérêts pécuniaires que les chemins de fer dis-
tribuent dans toute la France.

De toutes les révolutions passées, présentes et futures,
celle-là sera certainement la meilleure, la plus curieuse,
la plus importante ! Heureux ceux qui salueront l'au-
rore de cette ère nouvelle ! La génération présente ne
verra pas cette grande œuvre qui sera la plus belle gloire
du XXe siècle. Mais sa venue n'en est pas moins certaine et immanquable. Chaque jour qui s'écoule nous
rapproche de cette époque merveilleuse. Elle venue, tous
les impôts disparaîtront de la surface de l'empire. On
verra pour eux, comme jadis pour les droits seigneu-
riaux, une nouvelle nuit du 4 août. Le gouvernement
trouvant dans l'exploitation des chemins de fer une mine
d'or inépuisable, aura alors, avec les tabacs et les tim-
bres, son budget d'un milliard sans impôts, et sans
autres contributions que les voyageurs et les marchan-
dises.

Nous arrêtons ici la liste des erreurs que l'opposition s'efforce de faire accepter comme des vérités. Si on voulait en continuer l'énumération, on aurait beau jeu. Mais la tâche serait aussi fatigante que monotone.

Disons seulement que, comme elle a le monopole des erreurs, elle a aussi le monopole des contradictions. Ainsi, par exemple, elle voudrait, d'une part, qu'on diminuât l'armée, et d'autre part, qu'on fît la guerre pour la Pologne contre trois grandes nations ; qu'on intervînt ici et qu'on n'intervînt pas là ; qu'on fît beaucoup de grandes choses avec peu d'argent ; qu'on augmentât les dépenses et qu'on diminuât les recettes. Discours, amendements, interruptions, les idées qu'elle émet, les opinions qu'elle affiche, les utopies qu'elle défend, les principes qu'elle proclame, les vœux qu'elle forme, les conseils qu'elle donne, tout ce qui émane d'elle est marqué au coin de l'erreur et du ridicule. Sa logique consiste à prouver que, pour construire une maison, il vaut mieux commencer par le toit et finir par la cave, que de commencer par la cave et finir par le toit ; et elle ne voit pas que c'est précisément pour cela qu'elle a toujours échoué et toujours échouera dans ses entreprises.

L'opposition est une minorité turbulente de gens qui ont pour mission d'être mécontents de tout, de blâmer toujours et de n'approuver jamais. Quand on leur accorderait tout ce qu'ils réclament et plus encore, ils seraient encore mécontents et continueraient à bougonner. Aussi on peut leur appliquer avec une variante ces vers de Lafontaine :

> C'est un métier fort dangereux
> Que d'entreprendre de vous plaire.
> Les opposants sont malheureux.
> Rien ne saurait les satisfaire.

Autrefois, oui, on peut en convenir sans crainte, l'opposition pouvait avoir sa raison d'être. C'était quand un gouvernement, imposé à la nation et rétrogradant en arrière, voulait ressusciter un à un les vieux abus féodaux. Dans ce cas-là, faire de l'opposition c'était logique, sage et courageux. Cela se comprenait. Mais aujourd'hui que la France marche en avant à pas de géant, l'opposition ne se comprend plus. C'est antifrançais. Il n'y a pas de nom pour qualifier une pareille dérision.

Fille de la rancune et de l'orgueil, l'opposition se croit intéressante, et elle ne voit pas qu'elle fait pitié et qu'elle est un plastron exposé désormais et pour toujours aux traits de la malice et de la satire. Son rôle est passé. La réalisation de tous les progrès politiques et sociaux la tue lentement. La lutte qu'elle veut soutenir est dérisoire et impossible. Cela nous rappelle qu'à la création d'un chemin de fer que nous connaissons, un patachier (que nous connaissons aussi) voulut rivaliser avec les locomotives et continua quelque temps son service. C'était folie, et bientôt, en effet, il dut cesser ses voyages faute de voyageurs.

L'opposition, en présence de la France moderne, est aussi présomptueuse que ce digne voiturier en présence des chemins de fer. Son obstination acharnée n'excite que la risée et le mépris. Quand elle exhibe sa vieille politique, ses idées mort-nées, et toutes ses platitudes *ejusdem farinæ*, tous les hommes sensés se détournent d'elle en disant : Cela n'est plus de nos jours, c'est vieux, c'est usé, cela a fait son temps. Nous n'avons que faire de la tortue pour estafette, quand nous avons le télégraphe.

Aussi nous espérons que, perdant peu à peu les quelques partisans aveugles qu'elle possède encore, et pour lesquels elle se bat les flancs comme un acteur que le public délaisse et qui débite ses tirades devant les banquettes vides, nous espérons, disons-nous, que l'oppo-

sition insensiblement disparaîtra de la scène politique,
à la grande joie des honnêtes gens, des vrais Français
qui aiment leur pays. Quand ce moment tant désiré
sera venu, alors, errant, sans asile, elle aura le droit
de chanter comme le troubadour Blondel, aux accords
fastidieux de la guitare :

> O sottise ! ô ma loi !
> L'univers t'abandonne !
> Sur la terre il n'est donc que moi
> Qui s'intéresse à ta personne !

Et quand la France sera délivrée de ce fléau détesté,
son nom restera dans l'histoire comme un utile enseignement, afin que dans l'avenir aucun homme de cœur
ne soit tenté de l'imiter. Car l'opposition n'est pas autre
chose qu'un enfant terrible qui s'amuserait à faire des
trous aux flancs d'un navire pour avoir le plaisir de le
faire sombrer. Seulement elle est elle-même la première
victime des catastrophes qu'elle engendre.

Non, mille fois non, l'opposition n'est bonne à rien,
et son nom seul l'indique surabondamment. Elle est
absolument incapable de produire quoi que ce soit de
bien, de durable, de sensé ! Où sont les œuvres utiles
qu'elle a accomplies depuis qu'elle existe ? Il n'y en a
pas une seule à citer. Son intervention dans la gloire
du drapeau, dans l'agrandissement du territoire, dans
la prospérité publique a été zéro. Elle croit, comme la
mouche du coche, qu'elle coopère aux grandes choses
qui s'accomplissent. C'est une erreur. Elle n'y est pour
rien. Tout se fait sans sa participation, sans son con-
cours. Elle n'a mis sa griffe, son cachet, sa signature
que sur les révolutions, les calamités sociales, les sottises politiques, les inepties administratives, les utopies
et les turpitudes anarchiques enregistrées par l'histoire.
Enfin elle apparaît à l'esprit de tout homme sensé comme

l'idéal de la cacophonie, comme un véritable galimatias d'opinions hétérogènes, comme une macédoine d'idées incompatibles.

Il en est de la politique comme de la religion. Quand on pourra nous prouver que l'alliance des doctrines de Moïse, du Christ, de Mahomet, de Luther et de Calvin est un moyen souverain et admirable de produire la plus belle et la meilleure des religions, alors aussi nous croirons que l'alliance des doctrines des légitimistes, des orléanistes, des républicains, des démagogues et des anarchistes est capable de produire la meilleure des politiques. Mais heureusement pour le bonheur des peuples que toutes ces belles choses sont impossibles.

L'opposition, en tentant ce problème absurde, nous offre l'image complète de la tour de Babel. Elle a beau dire fusion des idées, c'est confusion que l'on doit dire. Que peut-on, en effet, attendre de sage et d'utile de gens passionnés dont l'un dit oui, quand l'autre dit non, dont celui-ci dit blanc, quand celui-là dit noir, et qui voudraient faire passer dans l'État l'anarchie dont ils sont la vivante incarnation ? Qu'ils commencent donc par se mettre d'accord entre eux, avant de se donner pour l'idéal de l'harmonie !

Dans tout cela, on cherche en vain de vrais patriotes dévoués au bien public, et l'on ne trouve que des hommes de parti qui ne voient que leur intérêt. Or, les hommes de parti ne feront jamais les affaires du pays. Pourquoi ? Parce qu'ils n'ont jamais su que troubler les esprits, ôter la confiance, nuire au commerce, enrayer le progrès, renverser les gouvernements, et cela au prix de pitoyables sottises et d'inqualifiable ridicule.

Savez-vous, par exemple, quel est le jour où l'opposition atteignit l'apogée de la stupidité ? C'est quand elle recruta dans ses rangs trois mauvais fantassins, opprobre de l'armée française, appelés Boichot, Rattier et Commissaire. Non, jamais depuis la création du monde, on ne vit pareille aberration ; jamais l'erreur politique ne reçut plus sanglant outrage, plus flagrante humiliation ! L'absurdité des doctrines de l'opposition parut alors dans tout son jour. C'était exactement comme si on proposait la mère Gigogne pour rosière à Nanterre, un aveugle pour être professeur de micrographie, un sourd pour chef d'orchestre à l'Opéra.

Un Boichot représentant du peuple ! quelle honte ! quel déshonneur pour un parti ! Mais l'opposition, à laquelle il appartenait, semblable à ces peuples qui adorent des crétins, se glorifiait de cette triste et ridicule acquisition. Elle trouvait cela charmant. Elle portait aux nues ce pauvre niais, dont on vendait le portrait comme s'il eût été un grand homme. Et même, qui le croirait, il fut un moment question de le nommer ministre de la guerre, ou commandant de l'armée de Paris, ou gouverneur de l'Algérie. Non, il n'y a pas d'expression assez forte dans les langues humaines pour caractériser de pareilles balourdises. Les races futures ne voudront pas croire que des hommes se disant dévoués au bien public aient pu commettre de semblables inepties.

Boichot, Rattier et Commissaire, triumvirat de bassesse et de nullité, représentants du peuple et ministres ! Voilà la mesure des faits et gestes de l'opposition, de son talent et de son savoir-faire, de ses idées et de ses principes, de ses prémisses et de leurs conséquences.

Et, ce qu'il y a de superbe, mais aussi d'incroyable, c'est qu'il est des gens de bonne foi qui prétendent que le bonheur de la France ne peut se faire qu'avec elle et par elle. Nous plaignons de grand cœur ces braves gens qui tombent ainsi dans le panneau et qui prennent l'opposition au sérieux, comme ces infortunés malades qui prennent les homœopathes pour des savants.

En définitive, aimant par-dessus tout l'ordre public, la paix, la gloire, la richesse, la puissance et la grandeur de notre belle et noble patrie, nous ne pouvons aimer l'opposition, de qui l'on ne peut attendre que tout le contraire de ces biens. Aussi nous avons pour elle une profonde et incurable antipathie, parce qu'elle est pour la France la source de tous les maux, et qu'elle ne peut pas être autre chose. Nous ne cesserons de la combattre par tous les moyens loyaux et légitimes, et d'exciter contre elle tous les gens de bien, amis de la Constitution, de leurs concitoyens et des sages progrès. Nous sifflerons sans cesse son nom, qui est ridicule, et ses actes, qui sont plus ridicules encore. Nous la mettrons au ban de l'opinion en faisant voir ses erreurs et ses faussetés. Nous la montrerons dans toute sa laideur repoussante, brûlant en guise d'encens, aux pieds du dieu de la Révolte et de l'Anarchie, les lois sages, la gloire du drapeau, la paix des familles, le travail et la richesse du peuple. Nous lui briserons la tête sous notre talon comme à une vipère venimeuse, en poussant de toute la force de nos convictions patriotiques ce cri d'un grand écrivain : Écrasons l'infâme !

Et maintenant, ma plume fidèle, suspens ta course frémissante. Ta tâche est finie. L'heure du repos est sonnée pour toi. Ne regrette pas ton rude labeur. Tu as combattu le bon combat, *bonum certamen certavi*. Tu n'as pas craint de dire tout haut ce que les gens de bien pensaient tout bas. Jusqu'au bout de la carrière, tu as secondé mon courage sans faiblir. Tu as vu et tu as prouvé que je n'avais au cœur qu'un amour, la patrie ; qu'une doctrine, la vérité ; qu'un culte, l'honneur ; qu'un ennemi, l'esprit du mal. Tu as montré que le progrès ne peut sortir des perturbations sociales, et qu'il faut commencer par réduire celles-ci à l'impuissance pour qu'il prenne son essor. Tu as montré que si la boîte de Pandore, ouverte par l'opposition, a jeté sur la société tous les maux qu'elle contenait, l'expérience du moins est restée au fond. Qu'elle soit donc pour tous un enseignement, *et nunc erudimini.* L'ère des révolutions est passée sans retour. Que les fauteurs de troubles sachent donc qu'il est encore en ce bas monde des cœurs honnêtes dont la voix courageuse criera leurs perfidies et déjouera leurs manœuvres.

Paris. — Imprimerie A. PARENT, rue Monsieur-le-Prince, 31.

9 782012 986817